Karsten Nitsch

MEIN BLOCKHAUS AM FLUSS

Karsten Nitsch

MEIN BLOCKHAUS AM FLUSS

Vom Bauen und Leben in der Natur

Bibliografische Information der Deutschen Nationalbibliothek
Die Deutsche Nationalbibliothek verzeichnet diese Publikation in der Deutschen Nationalbibliografie. Detaillierte bibliografische Daten sind im Internet über http://dnb.d-nb.de abrufbar.

Für Fragen und Anregungen
info@finanzbuchverlag.de

Originalausgabe, 1. Auflage 2022

Türkenstraße 89
D-80799 München
Tel.: 089 651285-0
Fax: 089 652096

Redaktion: Ariane Novel
Korrektorat: Anke Schenker
Umschlaggestaltung: Pamela Machleidt
Umschlagabbildungen: Sascha Hoecker
Satz: Zerosoft, Timisoara
Druck: GGP Media GmbH, Pößneck
Printed in Germany

ISBN Print 978-3-95972-583-5
ISBN E-Book (PDF) 978-3-98609-101-9
ISBN E-Book (EPUB, Mobi) 978-3-98609-102-6

INHALT

FEST ENTSCHLOSSEN

Wenn ich aus dem Fenster meines Arbeitszimmers auf die moosbedeckten Blockhütten blicke, wandern meine Gedanken in die Zeit, als alles begann. Vor 16 Jahren fasste ich den Entschluss, ein Blockhaus zu bauen. Genau genommen eher eine Blockhütte, denn das Projekt sollte schließlich überschaubar sein.

Drei Jahre zuvor hatte ich das Grundstück gekauft, es sollte als Basis für meine Naturcamps dienen, die ich mehrmals im Jahr für Kinder und Jugendliche durchführen wollte. Später kamen weitere Veranstaltungen hinzu wie Seminare und Kurse verschiedener Anbieter, aber immer mit Verbindung zur Natur. Alle meine Gäste waren sich bisher einig, dass mein Platz in der Lausitz ein ganz besonderer Ort sei, was vor allem auch der Spree zu verdanken ist. Ein intakter Fluss ist ein wertvolles Ökosystem, das wie ein Magnet auf andere Lebewesen wirkt. Auch ich fühlte mich sofort in seinen Bann gezogen und schätze ihn bis heute sehr. Erst die Spree macht den Ort zu dem, was er ist, und sie war auch der Hauptgrund dafür, den Platz zu erwerben.

Ein ganz besonderer Ort

Natürlich begegne ich »meinem« Fluss auch mit Respekt, und es ist mir bewusst, dass ich mich an einem Ort befinde, den ich mit anderen Lebewesen teile. Die mit der Zeit entstandenen Strukturen, die vor allem aus selbst angelegten Pflanzungen bestehen, schützen vor neugierigen Blicken und bieten Lebensraum für vierbeinige und geflügelte Mitbewohner. Das

Camp liegt verborgen wie ein Dornröschenschloss und vermittelt das Gefühl, als würde man in eine andere Welt tauchen, wenn man das Gelände betritt. Dieser Eindruck entsteht vor allem dadurch, weil man zuvor an den gepflegten und dadurch irgendwie steril wirkenden Sportanlagen unseres Dorfes entlangläuft, um das Camp zu erreichen. Ein Schritt aus der Ordnung der Zivilisation in ein Stück Wildnis mit eigenen Gesetzen.

Das Spreecamp, wie ich es genannt hatte, wird gern besucht, und einige Besucher bezeichnen es als magischen Ort. Einige machen auch kein Geheimnis daraus, dass sie mich um diesen Platz beneiden. Das hat aber meiner Meinung nach auch damit zu tun, weil man der Zivilisation und den damit verbundenen Auflagen und Regeln ein wenig aus dem Weg gehen kann. Abseits der Straße, quasi im »Hinterland«, ticken die Uhren anders. Hier gilt nicht das Regelwerk der Dorfbevölkerung. Dieses Regelwerk ist ein ungeschriebenes Gesetz, dem Gewohnheiten zugrunde liegen. Ein Phänomen, das sicherlich für die meisten Dörfer gilt – »das haben wir schon immer so gemacht«, ist dann nicht selten die Begründung. Die Rede ist nicht etwa von der Satzung der Gemeinde, vielmehr geht es dabei um »Selbstverständlichkeiten«, die sich über einen längeren Zeitraum eingebürgert haben und nicht selten einem gewissen Ordnungswahn unterliegen. Das Rasenmähen oder im Garten das Laub harken sind typische Beispiele, die von anderen Dorfbewohnern natürlich einer regelmäßigen Kontrolle unterzogen werden. Nun möchte ich mich nicht generell gegen diese Tätigkeiten aussprechen, aber es ist eine traurige Tatsache, dass hierbei nicht selten ein gewisser Übereifer zu beobachten ist. Wer auf dem Land lebt, wird wissen, was ich meine. Und auch in der Stadt sind solche Verhaltensmuster in der Nachbarschaft nicht völlig unüblich. Leider hat dieser Drang zur »Ordnung« für andere Lebewe-

Abseits starrer Regelwerke

sen fatale Folgen, denn durch die gründlichen und stets gut gemeinten Maßnahmen verschwinden viele Lebensräume und die damit verbundenen Arten. Während auf der einen Seite der Hecke die blühenden Wiesen mit der Zeit zu langweiligen Rasen umfunktioniert wurden, hat sich im Spreecamp ein artenreiches Paradies entwickelt. Auch ich wusste das zu schätzen und verlagerte nach und nach meinen Wohnort ins Camp, auch dann, wenn es keine Veranstaltung gab.

Alles begann, als ich während eines Pflanzenseminars mit den Teilnehmern mal wieder ins Gespräch über die Vorzüge des Spreecamps kam. Einer der Gäste fragte mich plötzlich, während er auf meinen Bauwagen zeigte, warum ich mir nicht eine Blockhütte errichtete. Ich grinste und zuckte mit den Schultern. »Keine Ahnung, wie das geht«, erwiderte ich nur und dachte im selben Moment: »Wie cool.« Am nächsten Tag griff ich das Gespräch wieder auf und erkundigte mich bei diesem Teilnehmer, ob er denn Erfahrung mit dem Blockhüttenbau habe. Zumindest habe er schon in Kanada an einer Hütte mitgebaut, und das sei überhaupt kein Hexenwerk, versicherte er mir. Von nun an wurde ich den Gedanken nicht mehr los und erbat mir weitere Informationen darüber, was zu tun sei, um ein solches Projekt anzugehen. Ich war »infiziert« und meine Gedanken kreisten nur noch um dieses Thema. Ich wollte alles erfahren und am liebsten hätte ich sofort losgelegt. Aber es sollte noch einige Zeit vergehen und das war gut so, denn im Vorfeld musste vieles bedacht und erledigt werden. Währenddessen wurde ich aber nicht müde, überall in meinem Umfeld von meinem Vorhaben zu berichten. »Ich werde ein Blockhaus bauen«, erzählte ich mit Begeisterung in meinem Freundeskreis. Wann immer ich aber diese Ankündigung laut ausgesprochen hatte, machten sich innerlich sofort Zweifel breit. Nun war es aber gesagt, und ich wollte mir keine Blöße geben. Indem ich meine Pläne ankündigte, machte ich die Sache unumkehrbar. Die Idee sollte sich manifestieren, sich in meinem Kopf festsetzen und alle Zweifel, und davon gab es anfangs nicht wenige, zermahlen wie Getreide zwischen zwei Mühlsteinen. Mich hatte das Fieber gepackt und ich wusste, ich würde dieses Vorhaben realisieren, allen Widrigkeiten zum Trotz.

Natürlich gab es vieles, was dagegensprach: Mein finanzielles Polster war zu dem Zeitpunkt nicht optimal, außerdem fehlte es neben der fachlichen Kenntnis auch an diversen Werkzeugen und Maschinen. Nicht gerade die besten Voraussetzungen für mein Vorhaben, aber immerhin konnte ich auf der Habenseite meinen Platz an der Spree und zumindest Erfahrungen im Umgang mit einer Motorsäge verbuchen. Das wichtigste aber war mein Ehrgeiz und der unbändige Wille, mein Ziel zu erreichen. Wenn ich mir eine Sache in den Kopf gesetzt habe, versuche ich sie auch umzusetzen, ich gehöre jedenfalls nicht zu den Menschen, die schnell die Flinte ins Korn werfen. Optimismus gepaart mit einer gehörigen Portion Ausdauer hatten mich letztendlich immer ans Ziel gebracht, außerdem bin ich davon überzeugt, dass es gut ist, Ideen zeitnah umzusetzen, wenn die Voraussetzungen es zulassen. Ja, sie überhaupt umzusetzen, denn »es gibt nichts Gutes, außer man tut es«. Man müsste mal ... Irgendwann werde ich ... Wir sollten vielleicht ... Das sind meistens nicht vielversprechende Ankündigungen, die mir öfter zu Ohren kommen, aber nicht meiner Philosophie entsprechen.

Ich hatte einen Traum, und dieser Traum sollte wahr werden. Immer wieder hatte ich nun dieses Bild im Kopf, eine Blockhütte am Fluss, mein Haus am Fluss, mitten im Paradies.

GIMME SHELTER

Es ist kühler geworden, und während ich die Bäume, die den Fluss säumen, betrachte, erscheinen sie mir mehr und mehr wie Gestalten, die klagend ihre Gliedmaßen in den Himmel recken. Nebel hat sich wie ein Schleier über die Aue gelegt, der Herbstgesang des Rotkehlchens klingt gedämpft, als befinde sich seine Naturbühne hinter einem herabgelassenen Vorhang. Jetzt im Oktober bereiten sich alle Lebewesen langsam auf den Winter vor, täglich kann ich beobachten wie Eichhörnchen, Igel oder Eichelhäher ihre Vorbereitungen treffen, und auch ich fülle meinen Holzvorrat auf. Was für ein wunderbarer Ort, ein Privileg, hier leben zu dürfen. Aber die Vollkommenheit eines Wohnortes kann erst durch eine angemessene Behausung entstehen. »Gimme Shelter ...«, sangen schon die Rolling Stones und ich hatte dabei immer eine Hütte vor Augen. Das mag kurios erscheinen, dennoch ist dieses Bild nicht völlig abwegig, denn diese Sehnsucht nach einer Zuflucht, die Geborgenheit vermittelt, ist ein Grundbedürfnis, für das es keine Standards gibt.

In diesem Buch soll es natürlich um eine Zuflucht gehen, die baulich errichtet werden muss, eine Behausung, die uns als Unterkunft dient. Dabei sind wir Menschen bekanntlich nicht die einzigen Lebewesen, die solche Bauten errichten, im Tierreich finden wir zahlreiche Beispiele dafür. Die meisten Tiere errichten sie, um ihre Nachkommen aufzuziehen, wobei Nester und angelegte Höhlen

Wo Eichhörnchen sich geschützt fühlen

zu den bekanntesten Bauwerken gehören. Die meisten Nester aber werden nach der Brut und Aufzucht der Jungen verlassen, eine weitere Nutzung findet nicht statt. Sogar für eine unmittelbar danach einsetzende Zweitbrut wird ein neues Nest errichtet. Das mag in unseren Augen verschwenderisch erscheinen, dient aber zum einen der Hygiene und hat außerdem mit dem Sicherheitsbedürfnis zu tun, denn ständiges Ab- und Anfliegen bei der Fütterung der Jungtiere kann schon verräterisch sein. In einer der Erlen am Fluss hat ein Eichhörnchen hoch oben einen Kobel, also sein Nest, angelegt. Dieser dient dem possierlichen Säugetier in der kalten Jahreszeit vor allem als Schlafnest, Winterschlaf aber wird von den Hörnchen nicht gehalten. Hier verbringt es seine Ruhephasen, und die schützende Behausung verlässt es an stürmischen, nasskalten Tagen meist nicht. An sich besteht das kleine Bauwerk aus Zweigen, die in einer Astgabel dicht am Stamm zu einer Kugel mit zwei Ausgängen geformt werden, die etwa einen Durchmesser von 30 bis 40 Zentimetern aufweist und deren Inneres mit Moos, Blättern oder Bast ausgepolstert ist.

Die Art der Nutzung einer Behausung spielt für uns Menschen ebenso eine entscheidende Rolle, wie die zeitliche Nutzung von wesentlicher Bedeutung ist. Solang es sich um eine überschaubare Zeit handelt, sind die meisten Menschen gern bereit, sogar drastische Einschnitte in ihre Lebensqualität hinzunehmen. Vor allem, wenn wir nicht zwanghaft in eine solche Wohnsituation geraten sind, empfinden wir es sogar als »cool«, vorausgesetzt der Platz befindet sich an einer interessanten Location. Wie sonst lassen sich überfüllte Campingplätze erklären, die in den Sommermonaten von der Stadtbevölkerung überflutet werden. Auch auf Festivals kann man in großer Zahl die flüchtigen bunten Bauten aus den Sonderangeboten der Discounter vorfinden. Diese werden dann nicht selten von ihren Bewohner nach dem Event achtlos zurückgelassen, ähnlich wie es die Amsel nach der erfolgten Nutzung des Nestes tut. Einzig die Materialbeschaffenheit macht einen deutlichen Unterschied: Während das alte Amselnest schnell in den Kreislauf der Natur zurückgeführt wird, bereitet uns der bunte Plastikmüll noch längere Zeit Bauchschmerzen.

Die meisten von uns werden, wenn sie an ihre Kindheit zurückdenken, ebenfalls auf eine bauliche Erfahrung verweisen können. Selbst wenn sie nicht physisch in Gestalt eines Zeltes aus Decken in einer Zimmerecke oder im Freien mit Brettern, Ästen und sonstigen Materialien zu einer wackeligen Bude aufgestellt wurde, dann zumindest in der kindlichen Fantasie. Meine eigenen Erfahrungen umfassten alle der genannten Möglichkeiten und das kreative Errichten einer Hütte hat mich schon immer fasziniert. Ebenso faszinierte mich von jeher eine andere Lebensweise, eine, die nicht den üblichen, in unserer Zeit geltenden Gesetzmäßigkeiten entspricht. Ich rede nicht vom völligen Verzicht auf alle Annehmlichkeiten der Zivilisation, aber ich wollte schon selbst herausfinden, was für mich essenziell ist.

Vorerst aber war auch ich gefangen im Hamsterrad und führte ein normales Leben, das mich zunehmend unzufrieden machte. Damals arbeitete ich als Forstarbeiter die meiste Zeit im Holzeinschlag. Diese Tätigkeit war zum einen körperlich sehr anstrengend, zum anderen aber für mich auch nicht befriedigend, da der Arbeitsablauf sich tagtäglich wiederholte und kaum Abwechslung bot. Dazu kam noch, dass meine Arbeit im Wald den Lebensraum anderer Bewohner zerstörte, denn Bäume wurden ohne Rücksicht das ganze Jahr über gefällt. Die Abhängigkeit von einer Arbeit, die mir nicht die Möglichkeit bot, Prozesse zu verändern, machte mich unglücklich und das wiederum hatte auch Auswirkungen auf mein privates Leben. Es mag sein, dass für viele Menschen ein festes Arbeitsverhältnis eine Sicherheit bietet, die sie benötigen, um ein unbe-

Leben im Hamsterrad

schwertes Leben zu führen; bei mir war das Gegenteil der Fall. Das Leben ging an mir vorbei, ich hatte keinen Plan und flüchtete mich vor den Fernseher oder sogar in die Dorfkneipe.

Das alles belastete natürlich auch mein familiäres Leben, und selbst nach meiner Kündigung, die durch die Wende und den Zusammenschluss von Ost- und Westdeutschland bedingt war, änderte sich nichts daran. Im Gegenteil, das Geld wurde knapp und wieder begab ich mich auf der Suche nach Sicherheit in neue Arbeitsverhältnisse und somit in erneute Abhängigkeit. Anfang der neunziger Jahre, in der Zeit des Umbruchs, änderte sich auch für mich vieles, Vertrautes verschwand, aber es ergaben sich plötzlich auch neue Möglichkeiten, vor allem für junge Menschen. Für die einen brach sicherlich eine Welt zusammen, anderen wurde endlich die Möglichkeit geboten, ein selbstbestimmtes Leben zu führen. Damals hatte ich noch keine große Lebenserfahrung und war dadurch anfangs sehr verunsichert, aber das änderte sich mit der Zeit. Meine Arbeitswelt verschob sich nun mehr und mehr in Richtung meiner persönlichen Interessen, auch wenn ich vorerst noch an einen Arbeitgeber gebunden war. Hinzu kam mit der Reisefreiheit eine weitere Möglichkeit, meine persönliche Entwicklung voranzutreiben. Natürlich erfolgte nicht alles in einem Zug, sondern es brauchte mehrere Erlebnisse oder Begegnungen mit anderen Menschen, die sehr inspirierend auf mich einwirkten.

All das bewog mich, meine damalige Lebensweise infrage zu stellen, und ich begann nach und nach meine kindlichen Fantasien real werden zu lassen. Mit der Trennung von meiner Frau erfolgte schließlich ein weiterer rigoroser Schritt in meinem Leben. Ich hatte erkannt, dass ich dieses Leben nicht mehr wollte, und für einen völligen Neuanfang war dieser Entschluss aus meiner Sicht alternativlos. Ich war zu jenem Zeitpunkt 31 Jahre alt und hatte endlich erkannt, welche Möglichkeiten einer kreativen Entfaltung mir das Leben nun bot.

Eine erste große Reise führte mich nach Italien an die Straße von Messina zu einem internationalen Vogelschutzcamp und mein berufliches Leben wurde von nun an bestimmt durch eine Tätigkeit, die mir Freude bereitete und mit meiner Leidenschaft, der Natur, eng verbunden war. Ich war inzwischen im Bereich Umweltbildung tätig und mein Schwerpunkt lag in der Arbeit mit Kindern und Jugendlichen. Ich leitete Freizeitgruppen, gestaltete Programme für den Schulunterricht und richtete Ferienfreizeiten mit naturnahen Themen aus. Im Sommer war das eine intensive Zeit, die eine längere Abwesenheit von meinem Dorf zur Folge hatte, denn die Feriencamps fanden aus logistischen Gründen in Orten statt, die geeignete Voraussetzungen für ein Zeltcamp boten. Zwar waren es ebenfalls malerische Orte, die auch in der Lausitz lagen, aber ich vermisste die Spree sehr und mein Dorf, in dem ich seit einiger Zeit schon ein geeignetes Grundstück ins Auge gefasst hatte. Meine Begeisterung kannte keine Grenzen, als es mir endlich gelang, das unmittelbar angrenzende Grundstück von meinen Nachbarn zu erwerben. Hier am Ufer der Spree sollte das »Spreecamp« entstehen, der Ort an dem ich, ohne verreisen zu müssen, meine Ferienveranstaltungen durchführen konnte. Noch konnte ich nicht ahnen, wie das mein Leben verändern sollte.

Hier am Ufer der Spree sollte das »Spreecamp« entstehen.

Die Idee war zunächst, das Camp vor allem in den Sommermonaten zu nutzen. Dann konnten Zelte aufgestellt werden, auch eine Badestelle an der Spree war schnell eingerichtet. Bald aber stellte sich heraus, dass es selbst für mich eine Herausforderung war, den ganzen Sommer lang unter einem Tarp zu kampieren – einer Art Gewebeplane, die ich über meinem Schlafplatz aufgebaut hatte. In einem Zelt fühle ich mich immer sehr eingeengt. Es fehlen

Der einzige Luxus dieses Domizils bestand aus einem alten Kofferradio und einem Laptop.

Fenster, die Verbindung zur Welt da draußen. Die Lösung ergab sich bald, denn ich konnte von unserem Fußballverein im Dorf einen alten Bauwagen übernehmen. Dieser wurde zur neuen Basis im Camp. Um die elektrische Versorgung zu gewährleisten, wurde schnell eine provisorische Verlängerung vom Wohnhaus gelegt. Der Zweiachser-Bauwagen beherbergte alle Dinge, die nicht im Freien gelagert werden konnten, und war von nun an Büro und Schlafstätte für mich. Das sollte den ganzen Sommer über so bleiben, denn schließlich musste ich als Campleiter immer in der Nähe der Kinder sein. Der einzige Luxus dieses Domizils bestand aus einem alten Kofferradio und einem Laptop, der für die Erledigung der Büroarbeiten nützlich war. Der Frontseite des Bauwagens verpasste ich gemeinsam mit den Kindern einen bunten Anstrich und von nun an fühlte ich mich ein wenig wie Peter Lustig aus der Sendung *Löwenzahn*.

Schon im ersten Sommer entstanden einfache Bauten, auch wenn das nicht so geplant war. Ursprünglich wollte ich nur ein Kompostklo bauen, aber schon bald kam eine überdachte Kochstelle hinzu. Ersteres ist natürlich unentbehrlich, aber auch die Kochstelle war uns bei Regen inzwischen sehr willkommen; trotzdem kochten wir weiterhin viel am offenen Feuer. Gegessen wurde einfach unter freiem Himmel und bei schlechtem Wetter spannten wir zunächst noch eine Plane auf. So verging der erste Sommer im Spreecamp und bis in den Herbst hinein wurde daran gearbeitet, das Gelände zu optimieren, das anfangs lediglich aus einer Wiesenfläche bestand, die von allen Seiten einsehbar war. Dieser Zustand sollte sich auf jeden Fall ändern, denn das Camp befand sich außerdem in unmittelbarer Nachbarschaft zum Fußballplatz des Sportvereins. Also begannen wir Hecken als Sicht- und Lärmschutz anzulegen, und das natürlich nur mit einheimischen Gewächsen. Hier in der Lausitz, wo der Boden nicht viel hergibt, da es sich meistens um Sand handelt, ist eine solche Bepflanzung eine langwierige Angelegenheit, da nicht alle Pflanzen hier wachsen und gedeihen können.

Noch heute bin ich froh über diese Entscheidung und jetzt, fast zwanzig Jahre später, sind es die Hecken, Bäume und Sträucher, die den Charakter des Camps wesentlich prägen. Außerdem haben diese Maßnahmen über die Jahre dafür gesorgt, dass die Artenvielfalt auf dem Gelände sich sehr zum Positiven entwickelte. So hat die Anzahl der Brutvögel beträchtlich zugenommen, neben Amsel, Buchfink und Star haben sich inzwischen auch der Wendehals, Fliegenschnepper und Gartenrotschwanz, um nur einige nicht alltägliche Arten zu nennen, im Camp eingestellt. Dieser positive Trend zeigt sich aber auch bei den Säugetieren, Reptilien und Amphibien und den Insekten, selbst bei den Pflanzen; Jahr für Jahr entdecke ich neue Arten.

Während der Sommer sich dahinzog und in einen milden Herbst überging, bewohnte ich noch immer den Bauwagen, auch wenn die Kinder das Camp schon lange verlassen hatten. Was sollte ich auch im ehemaligen Forsthaus, in dem ich eigentlich wohnte, wenn es doch hier genug zu tun gab. Irgendwann aber war alles an geplanter Arbeit erledigt, und ich beschloss, den Bauwagen zu verlassen, bald würde es kälter werden, und so packte ich meine wenigen Sachen und zog wieder im Forsthaus ein. Schon die erste Nacht aber ließ mich nicht ruhig schlafen, und ich hatte das Gefühl, im Steinhaus nicht atmen zu können. Hinter den dicken Mauern fühlte ich mich abgeschnitten von der Natur, schließlich brauchte ich im Bauwagen nur eine Tür aufzustoßen und schon war ich mittendrin. Also beschloss ich schon am nächsten Tag, wieder mein buntes Sommerquartier zu beziehen, und sofort ging es mir gut mit meiner Entscheidung. Die dünnen Wände schafften keine Distanz zur Außenwelt, eine Distanz war für mich im Steinhaus allgegenwärtig.

Ich hatte das Gefühl, im Steinhaus nicht atmen zu können.

Und so wurde meine vorübergehende Sommerunterkunft meine Behausung für die nächsten Monate. Hier befand sich mein Bett auf Höhe des Fensters, und wenn ich die Augen aufschlug, blickte ich direkt auf die Flussaue. Nachts, wenn der Regen auf das Blechdach trommelte, klang das für mich wie Musik, und ich machte es mir unter meiner großen Decke bequem, die ich aus mehreren Schaffellen zusammengenäht hatte. Den Bauwagen hatte ich inzwischen nach meinen Bedürfnissen optimiert, zu einem Drittel bestand er aus einem großen Bett, unter dem es reichlich Stauraum gab. Ein alter Küchenschrank, ein Tisch und zwei Stühle komplettierten die Einrichtung. Für Wärme sorgte ein alter Ofen, den mir ein Freund geschenkt hatte. Es handelte sich um einen gusseisernen Grundkörper, ohne die Möglichkeit, Wärme zu speichern. Also stapelte ich gebrannte Tonziegel um die gusseiserne Wandung, die die Wärme etwas länger hielten. Das war zwar nicht der effektivste Wärmespeicher, aber auf jeden Fall eine bessere Lösung, um die Energie nicht sinnlos zu verschwenden. Einen Wasseranschluss gab es natürlich nicht, und so holte ich das benötigte Trinkwasser mit einem Kanister aus meinem 200 Meter entfernten Forsthaus. Ich genoss es, morgens aus meinem Bauwagen zu treten und Regen, Sonne oder Schnee direkt auf der Haut zu spüren. Meistens begann der Tag für mich mit einem Bad in der Spree, nur bei Hochwasser verzichtete ich aus Sicherheitsgründen darauf. Wenn es ausreichend Schnee gab, war ein Bad dagegen ein besonderer Hochgenuss.

»Alles, was man braucht«, ging es mir durch den Kopf, wenn ich mich im Bauwagen umsah. Ich hatte mich befreit von unnötigem Ballast. Es mag wie ein Widerspruch klingen: Das Forsthaus war einerseits zur groß für mich geworden, andererseits fühlte ich mich eingeengt durch die über die Jahre angesammelten Dinge, die teilweise schon lange keine Beachtung mehr fanden. Die steinernen

»Alles, was man braucht.«

Wände, beherbergten aber nicht nur Vergessenes, sondern auch Sachen, von deren Unverzichtbarkeit ich vor nicht allzu langer Zeit noch überzeugt war. Dazu gehörten Gerätschaften, die gern in der Werbung angepriesen werden und uns angeblich das Leben vereinfachen, oder auch Dinge, ohne die angeblich eine sinnvolle Freizeitgestaltung unmöglich ist. Wäschetrockner, Spülmaschine, Mikrowelle und Fernseher stehen stellvertretend für Errungenschaften der Zivilisation, denen ich bis heute keine Träne nachweine. Dinge, mit denen man sich allmählich freiwillig in eine Sklaverei begibt, denn schließlich muss man dafür arbeiten, damit man sie sich leisten kann, und wenn man meint, endlich alles zu besitzen, werden schon wieder neue Begehrlichkeiten geweckt.

Diesem Teufelskreis war ich vorerst entkommen und staunte nicht schlecht, wie wenig ich all das vermisste, nachdem ich endlich den Mut hatte loszulassen. Noch machte ich mir keine Gedanken darüber, wie lange dieses Leben im Bauwagen andauern würde, warum auch, ich hatte ja jederzeit die Option, wieder in das Forsthaus zu ziehen. Ich hatte aber niemals auch nur für einen Moment dieses Bedürfnis, und so wurde der Zweiachser für zwei Jahre mein Zuhause. Als irgendwann nach dem ersten Winter ein Artikel über mich in einer Regionalzeitung erschien, wurde auch über mein Leben in der alternativen Unterkunft berichtet. Meinen Eltern war das damals peinlich, auf dem Land hat schließlich noch Bedeutung, »was die Leute dazu sagen«, schließlich weicht ein solches Leben von den üblichen Normen ab. Dörfliches Gerede – sobald man etwas darauf gibt, begibt man sich in Zwänge, und dann ist das eigene Handeln nicht mehr selbstbestimmt. »Ist mir egal«, lautet auch heute noch meine pauschale Antwort auf derlei Bedenken.

Diese Zeit im Bauwagen war für mich eine sehr lehrreiche, und ich bin froh, diesen Schritt getan zu haben. Damals hätte ich mir nicht vorstellen können, dass ich jemals wieder in einem Haus wohnen würde. Inzwischen ist mir bewusst, dass es keine Rolle spielt, in welcher Behausung man lebt. Menschen leben in Hütten, Tipis, Bauwagen oder Schlössern, in Wohnwagen, Jurten oder Baumhäusern, in der zehnten Etage eines Hochhauses oder im liebevoll restaurierten Bauerngehöft. Entscheidend ist, dass man es aus freien Stücken tut und diese Unterkunft geeignet ist, die jeweiligen Bedürfnisse zu befriedigen, und die Möglichkeit bietet, sich selbst zu verwirklichen. Während ich darüber nachdenke, sehe ich, wie das Eichhörnchen zurückkehrt in seinen Kobel. Ich habe es heute schon an der Futterstelle für die Wildvögel gesehen, sicher hat es sich da satt gefressen und wird sich nun behaglich in seinem Nest zusammenrollen. Keine schlechte Wahl, im Spreecamp das Nest zu bauen.

EIN PLAN NIMMT GESTALT AN

Das Camp war nach den ersten zwei Jahren nicht nur für Ferienfreizeiten bekannt, es gab nun auch erste Veranstaltungen für Erwachsene. Obwohl es kaum beworben wurde, fanden sich auch regelmäßig durchreisende Radler ein. Es hatte sich als Geheimtipp herumgesprochen, dabei war es keinesfalls komfortabel und konnte nicht ansatzweise dem Vergleich mit einem Campingplatz standhalten. Aber das sollte es auch nie werden. Nicht nur, dass ich mich vor einer Ansammlung spießiger nebeneinander errichteter, jedoch strikt voneinander abgegrenzter Zeltburgen fürchtete, ich hatte einfach keine Lust, zum Platzwart zu mutieren. Abgesehen davon, dass ein »netter« Platz mit einem gewissen Komfort Besucher anziehen würde, die ich einfach nicht zu meinen Gästen zählen wollte, barg eine komfortablere Ausstattung auch immer die Gefahr, dass nach mehr verlangt würde. »Warum gibt's denn nur kaltes Wasser in den Duschen?«, hörte ich schon die ersten Gäste lamentieren. Oder: »Das Klo ist verstopft!« Was für eine Horrorvorstellung! Fest stand, dass dann auch alles mit einem höheren Aufwand betrieben werden müsste, ganz abgesehen von ständig anfallenden Reparaturen. Nein, niemals, nicht mit mir! Wie ich darauf komme? Ganz einfach, es gab immer wieder gut gemeinte Ratschläge von Gästen, was ich im Camp alles tun und verbessern könnte. Die meisten ignorierte ich einfach, und das war gut so.

Inzwischen war fast ein Jahr vergangen, seit ich von dem Seminarteilnehmer zum Blockhausbau angeregt wurde. Während ich an meinen Plänen für das Blockhaus arbeitete, wurde mir auch klar, dass einige Voraussetzungen für den Bau von großem Vorteil wären. Dazu zählte unter anderem ein Stromanschluss, der auch größere elektrische Geräte mit ausreichender Energie versorgen könnte. Ursprünglich war ich überzeugt davon, dass ich darauf verzichten könnte, aber damals stand ja auch kein Blockhaus auf dem Zettel. Also plante ich, vom Forsthaus aus ein Erdkabel zu verlegen, und dafür musste ich immerhin einen Graben von über 200 Meter Länge ausheben. Mit einer Firma und der nötigen Technik wäre das alles kein Problem gewesen, doch leider hielten sich meine finanziellen Möglichkeiten nach wie vor sehr in Grenzen, denn schließlich musste ich noch einiges an Material und Technik für den Bau der Blockhütte anschaffen. Aber immerhin war es möglich, einen Minibagger auszuleihen. Im Freundeskreis fand ich dann auch jemanden, der den Kleinen auch bedienen konnte, und weitere Freunde standen für ein langes Wochenende mit Schaufel und Spaten parat. Bei der Gelegenheit wollte ich auch gleich eine Wasserleitung und ein Telefonkabel verlegen und so wurde die ganze Aktion an einem Wochenende im Mai durchgeführt.

Freunde standen für ein langes Wochenende mit Schaufel und Spaten parat.

Immer wieder bin ich erstaunt, wie es Kommunen schaffen, über Jahre für Dauerbaustellen zu sorgen, wenn Medienträger verlegt werden sollen. Nie hat sich mir erschlossen, was da in den Köpfen der Planer vor sich geht. Es werden Abwasserleitungen verlegt und alles wird wieder versiegelt, um im nächsten Jahr die neue Stromleitung anzuschließen, und kaum ist das abgeschlossen, hat man endlich die Zusage für die neue Wasserleitung, aber leider hat keiner damit rechnen können, das es kurz darauf auch grünes Licht für schnelles Internet gibt und somit auch für das Glasfaserkabel, das jetzt nur noch unter die Erde muss. Vielleicht übertreibe ich auch ein wenig, aber ich bin davon überzeugt, dass wir mit etwas weniger Bürokratie viele Dinge schneller bewegen könnten.

Auch auf meiner Baustelle verlief nicht alles reibungslos. Abgesehen davon, dass der Graben immer wieder in bestimmten Bereichen einbrach, was eine große Herausforderung für alle Beteiligen darstellte, gab es am Abend eine böse Überraschung. Gerade als wir uns im Camp unter einem Dach vor einem Gewitter mit starken Böen erholten und uns frischen Spargel zum Abendessen gönnten, teilte uns ein Nachbar mit, dass die alte Linde an der Straße auf das Stallgebäude vom Forsthaus gestürzt war. Mir war der Appetit vergangen, aber nachdem ich den Schaden begutachtet hatte, war klar, da konnte erst am nächsten Tag mit Hilfe der Feuerwehr etwas getan werden. Wir ließen uns also die Laune nicht verderben und machten uns einen gemütlichen Abend, denn wer arbeitet, soll auch Spaß haben.

Am nächsten Morgen waren zwei Feuerwehrautos mit ihren Besatzungen vorgefahren, um den Baum vom Dach des Hauses zu entfernen. Erst am Tage wurde mir klar, dass es für den Baum keine Rettung gab. Entwurzelt durch den Gewittersturm lag der einst so stolze Riese hilflos auf dem Stallgebäude und aus dem Erdreich um den Wurzelteller ragten einzelne abgerissene Wurzeln, die bis zuletzt verzweifelt versucht hatten, den Baum zu halten. Der Schaden am Gebäude war erstaunlich gering ausgefallen, und so war es der Verlust des Baumes, der mich am meisten schmerzte. Der Großvater des Nachbarn hatte die Linde vor langer Zeit gepflanzt. Sie war inzwischen zu einem stattlichen Baum herangewachsen, der alljährlich zur Blütezeit im Juni mit seinem betörenden Duft viele Insekten anlockte. Leider hatte der Baum, der dicht an der Straße stand, mehrmals Verletzungen im Wurzelwerk hinnehmen müssen, da über die Jahre verschiedene Baumaßnahmen an der Straße durchgeführt wurden. Die Versieglung mit einer Asphaltde-

Entwurzelt durch den Gewittersturm lag der einst so stolze Riese hilflos auf dem Stallgebäude.

cke tat ein Übriges. Traurig betrachtete ich den Baumstumpf, dessen frische Wunde in der Mitte des inzwischen wieder zurückgeklappten Wurzeltellers unübersehbar leuchtete. In diesem Moment kam mir der Gedanke, den Baum wieder zu neuem Leben zu erwecken. Doch das musste noch warten, zuerst wollte ich die Erdarbeiten im Camp abschließen.

Mit vereinter Kraft wurden bis zum Tagesende die letzten Meter bewältigt und Kabel und Wasserleitung erfolgreich unter die Erde gebracht. Damit war eine wichtige Etappe abgeschlossen. Von nun an gab es Strom und Trinkwasser im Camp, eine enorme Bereicherung und gute Basis für die Bauarbeiten an der Hütte. Bevor ich aber weitere Pläne umsetzten konnte, musste ich mich um die Überreste der alten Linde kümmern, denn der Wurzelballen war ein Schandfleck an der Straße, der entsorgt werden musste. Einen Dorfbewohner, der im Besitz eines alten rumänischen Baggers war, konnte ich für meinen Plan gewinnen. Wir bargen vorsichtig den Baumstumpf mit den restlichen verbliebenen Wurzeln. Viel Hoffnung machte ich mir nicht, aber da die Linde ein sehr hartnäckiger Lebenskünstler unter den Bäumen ist, war es einen Versuch wert. Im Spreecamp hatte ich einen geeigneten Platz ausgewählt, an dem der Baum eine neue Chance erhielt. Linden bilden an Wurzelstöcken immer wieder Austriebe, die zu neuer Pracht heranwachsen können, und so konnte auch dieser Baum überleben.

Inzwischen hatte ich mich natürlich weiter mit meinem Blockhausprojekt beschäftigt und vor allem die Abende genutzt, um wichtige Vorbereitungen zu treffen. Da ich schon aus Kostengründen nach Möglichkeit alles selbst tun wollte, war mir schnell klar, dass ich auch das benötigte Holz aus dem Wald holen und aufarbeiten musste. Während dieser Teil für mich realisierbar schien, schließlich hatte ich früher selbst beim Forstbetrieb gearbeitet, zweifelte ich noch immer, ob ich die Baumstämme auch selbst aufarbeiten wollte. Dafür gab es die verschiedensten Möglichkeiten und diese wiederum waren abhängig von der Bauweise.

Nach einigen Recherchen musste ich eine wichtige Entscheidung fällen. Wollte ich ein Naturstammhaus bauen oder eher ein Haus in schwedischer Art, aus bearbeiteten Balken? Von vornherein bedacht werden musste, wie das Haus später aussehen sollte, welche Bauweise und Verarbeitung der benötigten Baumstämme man wählt und welche Menge und Beschaffenheit des Holzes man braucht. In der Naturstammbauweise werden Holzstämme verwendet, die im Großen und Ganzen, nachdem sie geschält sind, so belassen werden. Solche Gebäude wirken auf mich sehr wuchtig und auch die Innenräume werden dadurch stark geprägt, sodass ich mich persönlich sehr eingeengt fühle, vor allem wenn es sich um kleinere Hütten handelt. Dieser Baustil eignet sich daher eher für größere Gebäude, aber das ist natürlich auch Geschmackssache.

Naturstammhaus bauen oder eher ein Haus in schwedischer Art?

Ich hatte mich dagegen entschieden, denn persönlich mag ich die bearbeiteten Balken mehr, zumal in solchen Häusern die Wände im Inneren auch gerade Flächen bilden. Wer zuerst an industriemäßig angefertigte Gartenhäuschen, wie man sie im Baumarkt findet, denkt, könnte schnell der Meinung sein, dass eine solche Blockhütte eher langweilig aussieht. Aber das liegt daran, dass man bei solchen Häusern gehobelte Hölzer verwendet, die präzise auf den Millimeter genau vorher industriell aufgesägt werden. Das kam für mein Projekt nicht infrage, ich wollte mein Holz auf dem Stock, also als stehenden Baum im Wald kaufen und es selbst aufbereiten.

Bevor ich das tat, musste aber entschieden werden, wie das Holz verarbeitet werden sollte. Es gab zwei Möglichkeiten: Ich konnte ein mobiles Sägewerk kommen lassen oder selbst eins erwerben. Nach reiflicher Überlegung entschied ich mich zugunsten des eigenen Sägewerkes. Das mag im ersten Moment etwas überzogen klingen, hat aber genau genommen sehr viele Vorteile. Der Besucher, der mich damals überhaupt erst auf die Idee brachte, ein Haus zu bauen, besaß selbst so ein mobiles Kleinsägewerk und erzählte mir mit Begeisterung davon, also dachte ich mir, dass ich mir auch eines anschaffen konnte.

Danach stand die Holzbeschaffung als nächste größere Aufgabe an. Zuvor jedoch begann ich alles an Informationen zum Thema Holz und Blockhausbau zu sammeln. Ich recherchierte im Internet, deckte mich mit Büchern und Zeitschriften ein, und wann immer ich ein Holzhaus sah, weckte es mein Interesse. Es ging im Grunde um zwei große Themen: Was bei der Holzgewinnung zu beachten war und der Blockhausbau selbst, vom Fundament bis zum Dach. Solange es um das Holz und die Holzgewinnung ging, fand ich genügend Material in deutscher Sprache. Zum Thema Blockhausbau aber gab es damals kaum Literatur auf Deutsch. Die Bücher, die ich fand, waren zum größten Teil aus den USA und Kanada, und dabei handelte es sich meistens um die Naturstammbauweise. Für mich stellte das eine große Hürde dar, zwar konnte ich auch aus diesen Büchern einiges an Informationen gewinnen, aber mein Problem war die Sprache. Leider hatte ich in der Schule nie Englisch gelernt, denn meine Mutter war der Meinung, ich sollte erst einmal mit dem anderen Unterrichtsstoff klarkommen. Nun erwies sich das als großer Nachteil, denn fast alle guten Bücher waren auf Englisch verfasst. Glücklicherweise sind die meisten Fachbücher zum Thema mit sehr vielen detailreichen Fotos versehen, was sehr hilfreich war.

Wann immer ich ein Holzhaus sah, weckte es mein Interesse.

Zur Blockbauweise konnte ich nach langer Suche tatsächlich ein schwedisches Buch in einer deutschen Übersetzung finden. Endlich, dieses Buch war für mich die Grundlage, ich hatte meine Bibel gefunden. Natürlich hätte ich auch einen Blockhaus-Baukurs besuchen können, hin und wieder gab es in Deutschland solche Angebote, aber damals musste ich gut überlegen, wie ich mein Geld effektiv einsetzen wollte, und das Buch war nun mal die kostengünstigere Variante. Zusätzlich zu den Fachbüchern verschlang ich natürlich auch alles, was mit dem Leben im Blockhaus zu tun hatte, immer in der Hoffnung, zwischen den Zeilen noch weitere wertvolle Informationen zu finden. Egal, ob es sich um Sachbücher oder fiktive Geschichten handelte, ich las alles, was ich bekommen konnte. Neben nützlichen Tipps und Hinweisen fand ich in den Büchern auch immer wieder Bestärkung in meinem Vorhaben.

Ein Buch ist mir ganz besonders in Erinnerung geblieben: Eine polnische Frau nahm allein in Kanada ein solches Projekt in Angriff. Sie hatte keinerlei Vorkenntnisse und vorher noch nicht mal eine Motorsäge bedient, doch sie schaffte es, eine Hütte zu bauen, nachdem sie sogar das Holz dafür selbst geschlagen hatte. Das flößte mir zum einen eine gehörige Portion Respekt vor dieser Frau und ihrer enormen Leistung ein, bestärkte mich andererseits aber auch gewaltig in meinem Willen, die Hütte zu bauen. Da ich Bilder von ihr gesehen hatte, war mir klar, dass sie rein physisch nicht die Kraft haben konnte, die mir persönlich zur Verfügung stand, ihre Psyche hingegen vermochte es, so viel Energie freizusetzen, dass sie jedem Problem gewachsen war. Meine Voraussetzungen waren deutlich besser, also sollte ich es auch schaffen können. Immer, wenn sich von nun an auch nur die geringsten Zweifel bemerkbar machten oder etwas nicht so perfekt lief, war der Gedanke an die beeindruckende Leistung dieser Frau für mich Motivation und Ansporn.

HOLZHÄUSER ÜBERALL

Schon immer, wenn ich auf Reisen war, faszinierten mich Gebäude, die nach traditionellen Bauarten errichtet wurden und für die jeweilige Region typisch waren. Aber auch kreative Bauten, die sich deutlich abheben, sei es durch das verwendete Material oder durch ihre einzigartige Gestaltung, interessierten mich. Erst galt meine Aufmerksamkeit nur Häusern, mit der Zeit interessierte ich mich aber auch immer mehr für spezielle bauliche Details oder ergänzende Bauten. So hielt ich nach diversen Zäunen, Steinmauern, Brunnen, Backöfen, aber auch Fenstern, Türen, einfachen Verschlussmechanismen, Holzverbindungen oder selbst gebauten Möbeln Ausschau. Meistens fotografierte ich die Objekte und hin und wieder fertigte ich kleine Skizzen dazu an. Wenngleich ich nur sehr wenige Dinge später nachbaute, diente mir so manches Detail als Inspiration oder Basis für eigene Lösungen.

Nachdem klar war, dass ich ein Blockhaus bauen würde, lag natürlich mein Hauptaugenmerk auf Holzhäusern und Dingen, die aus Holz gefertigt waren. Leer stehende Häuser bieten öfter die Möglichkeit, sie nicht nur von außen zu betrachten, sondern sie auch genauer von innen zu untersuchen. Solche Gebäude ziehen mich noch immer magisch an. Manchmal handelt es sich dabei um verfallene Häuser, wobei ihre Untersuchung sich schon als kleines Abenteuer gestaltet. Immer wieder begebe ich mich dann gedanklich auf eine Zeitreise, denn diese Häuser

Immer wieder begebe ich mich gedanklich auf eine Zeitreise.

sind meistens schon sehr alt und haben einiges zu erzählen. Manchmal findet man an solchen Orten Hinterlassenschaften ihrer letzten Bewohner, die Hinweise auf das einst dort stattgefundene Leben geben. Solche Funde befeuern dann natürlich die Fantasie und ein Film aus längst vergangener Zeit läuft vor meinem geistigen Auge ab. Ich habe schon oft abgelegene Höfe in ländlichen Gegenden besichtigt, doch es sind nicht nur Wohnhäuser, denen ich Beachtung schenke, sondern auch Ställe, Scheunen, Keller und andere Baulichkeiten.

An dieser Stelle möchte ich darauf hinweisen, dass es wichtig ist, privates Eigentum zu respektieren, und Schilder, die darauf hinweisen, ernst zu nehmen. Weiterhin sollte man auch Warnschilder, die auf Gefahren hinweisen, nicht einfach ignorieren, und selbst wenn solche nicht vorhanden sind, immer gründlich das Risiko abschätzen, bevor man ein baufälliges Gebäude betritt. Auch wenn die Menschen diese Bauten schon lange nicht mehr nutzen, sind sie eigentlich nie unbewohnt, denn sobald sich der Mensch zurückzieht, werden solche Orte für viele Tiere als Unterschlupf interessant. Bei meinen Begehungen entdeckte ich zwar in den meisten Fällen nur Hinweise und Zeichen der neuen Nutzer in Form von Spuren, Nahrungsresten, Nestern oder Kot, sogar mumifizierte Tiere wie tote Vögel, Katzen oder Ratten konnte ich mehrmals finden. Ab und zu hatte ich aber auch das Glück, den Bewohnern direkt zu begegnen. In einer alten Stallung in Polen überraschte ich einen Fuchs, in Deutschland fand sich in einem Vorratskeller eine Fledermaus, im Norden Schottlands hatten Rauchschwalben ihr Nest in einem alten verfallenen Wohnhaus gebaut und in Italien entdeckte ich zwischen den Lamellen eines Fensterladens eine Mauereidechse.

Mit Sicherheit kann man in den unterschiedlichen Regionen der Erde in den von Menschen aufgegebenen Gebäuden auf Vertreter fast aller Tiergruppen treffen. Ich habe im Internet Fotos von einem verlassenen Haus auf der russischen Insel

Koljutschin in der Tschuktschensee gesehen, in dem sich sogar Eisbären eingerichtet hatten. Eine Nachnutzung von Behausungen ist im Tierreich aber nichts Ungewöhnliches. Viele Baue, Höhlen und Nester, die nur einmal genutzt werden, finden Gefallen bei anderen Arten. Spechthöhlen sind sicher eins der bekanntesten Beispiele und werden von anderen Höhlenbrütern wie zum Beispiel Meisen, Kleibern oder Gartenrotschwanz gern genutzt. Aber auch Säugetiere wie Fledermäuse, verschiedene Nagetiere oder Insekten nutzen Spechthöhlen als Winterquartier. Auch stabil gebaute und größere Nester oder Horste finden gern Nachnutzer. Zumeist sind es ebenfalls Vogelarten, wie Waldohreule, Nilgans oder Uhu, um nur einige zu nennen, aber auch Waschbären finden solche Plateaus in luftiger Höhe als Schlafplatz attraktiv.

Auf meinen Reisen bot sich mir aber auch die Gelegenheit, in Museumsdörfern oder Ausstellungen Bauweisen und Gebäude genauer zu untersuchen. Vor allem in Skandinavien, aber auch in Schottland fand ich wunderbare Freilichtmuseen, die sogar mit Statisten besetzt waren. Die Darsteller bezogen die Besucher in den Lebensalltag aus längst vergangenen Zeitepochen ein. So konnte ich neben den original nachgebildeten Gehöften auch alte Handwerkstechniken erleben, die nicht selten mit Holzbearbeitung zu tun hatten. Solche inspirierenden Orte fand ich aber auch in Deutschland. Zum Beispiel fand ich im »Pfahlbaumuseum Unteruhldingen« am Bodensee, in dem Häuser aus der Sein- und Bronzezeit nachgebaut wurden, einige wichtige Inspirationen. Auch der »Erlichthof Rietschen« in der Oberlausitz war sehr wichtig für meine Erkundungen, den habe ich öfter besucht, da er nur einen Katzensprung weit entfernt liegt. Eine Besonderheit ist, dass es sich bei diesen Gebäuden um Originale aus der ländlichen Region in der Lausitz handelt. Die Blockhäuser standen ursprünglich in Dörfern, die den Braunkohletagebau-

Inspiration aus dem Freilichtmuseum

en zum Opfer gefallen sind. Sorgfältig wurden sie abgetragen, restauriert und wieder aufgebaut und konnten so vor der Zerstörung bewahrt werden. Das Ganze ist mit der Zeit zu einer touristischen Attraktion geworden und inzwischen beherbergen die Gebäude neben altem Handwerk auch eine Gaststätte, eine Touristeninformation oder dienen als Ausstellungsraum und Kontaktbüro für Wolfsfragen. Es gibt sogar eine Theaterscheune, und die regelmäßigen Veranstaltungen sind bei den Besuchern sehr beliebt.

Während meiner Entdeckungstouren hatte ich auch Begegnungen mit Menschen und einige werden mir immer im Gedächtnis bleiben. Da ich nicht nur in Deutschland jede Gelegenheit nutzte, Häuser zu untersuchen, sondern auch in Schottland, Polen, Norwegen, Estland, Tschechien, Italien und vor allem in Schweden unterwegs war, machte ich in Sachen Gastfreundschaft unterschiedliche Erfahrungen. So gab es viele freundliche Gespräche mit Besitzern und Nachbarn, aber vor allem in Deutschland auch Skepsis und Misstrauen. Mehrmals besuchte ich auch geräumte Dörfer in der Lausitz, die der Braunkohle geopfert wurden, und hatte dabei auch Kontakt zum Sicherheitsdienst. In den meisten Fällen wurde ich geduldet, wenn ich mein Anliegen vortrug, schließlich gehörte ich nicht zu den Plünderern, die hier nicht selten ihr Unwesen treiben.

Einmal war ich mit Freuden in einem solchen Dorf im Süden Brandenburgs unterwegs. Ein Großteil der Gebäude war bereits dem Erdboden gleichgemacht worden, und die hinterlassene Landschaft bot ein trostloses Bild. Zwischen den gut zu erkennenden Straßen wirkten die einzelnen Grundstücke wie Narben in einer zum Teil noch intakten Landschaft. Auch die Straßenzüge, die bisher vom Abriss noch verschont geblieben waren, gaben ein schauriges Bild: Zerschlagene Fenster, an denen manchmal noch Fetzen von Gardinen hingen, in einem Hof entdeckte ich eine Kette an einer Hundehütte, an deren

Ende sich noch ein altes Lederhalsband befand. In einem Vorgarten fand ich eine Puppe, der ein Arm fehlte. In der Gastwirtschaft ließen sich noch deutlich die Umrisse von Möbeln und Bildern an der Wand erkennen. Als ich im Raum stand, schloss ich für einige Momente die Augen und sofort funktionierte mein Kopfkino. Ich befand mich für diesen Moment in einer einfachen Dorfkneipe, wie ich sie aus meiner Jugend kannte, ausgestattet mit einem massiven Tresen und abgeschabten hölzernen Tischen, an denen Karten spielende, Bier trinkende Männer lamentierten, während im Hintergrund Musik aus einem Radio erklang, vernebelt vom Zigarettenqualm, in dem die Gestalten schon im nächsten Moment wieder verschwanden, einzig eine Mischung aus schalem Bierdunst und kaltem Rauch hatte sich nicht verflüchtigt und lag noch in der Luft, als ich die Augen wieder öffnete und allein in der leer geräumten Gaststube stand.

Inzwischen waren meine Freunde wieder zu mir gestoßen und wir machten uns auf den Rückweg. Wir gingen weiter der Dorfstraße entlang, die rechts und links von den für die Gegend typischen Steinhäusern aus rot gebrannten Klinkern gesäumt war. Bei vielen der Gebäude waren die Fenster herausgerissen, und sie wirkten auf mich wie Wesen mit leeren Augenhöhlen. »Wie im Krieg«, ging es mir durch den Kopf, solche Bilder hatte ich oft in Dokumentationen gesehen. So musste es wohl aussehen, wenn die zivile Bevölkerung fluchtartig ein Dorf aus Angst vor dem herannahenden Krieg verlassen muss. Und doch war es anders, im Krieg wird das persönliche Gut zurückgelassen, hier aber fand ein geordneter Auszug statt, wenngleich er auch in den meisten Fällen nicht freiwillig erfolgte. Als wir schweigend zum Dorfrand liefen, versuchte ich meine Beklemmung wieder abzuschütteln. Tief atmete ich die Frühlingsluft ein, die geschwängert war vom Duft der weißen und blauen Fliederbü-

Viele Gebäude wirkten auf mich wie Wesen mit leeren Augenhöhlen.

sche, die überall zwischen den Häusern blühten – sie und der Gesang der Vögel ließen mich langsam die Trübsal vergessen.

Wir hatten das Dorf schon verlassen, als wir eine ältere Frau bemerkten. Das Anwesen, vor dem sie auf einer kleinen Holzbank in der Sonne saß, schien noch völlig unversehrt zu sein. Dieses friedliche Bild stand im Kontrast zum Dorf, das schon arg in Mitleidenschaft gezogenen war. Doch als wir näher kamen, konnten wir bald feststellen, dass wir uns gewaltig getäuscht hatten. Nur die Front des ehemaligen Vierseithofes, eine Hofanlage, die von vier Seiten von einem Wohnhaus, einem Stallgebäude, der Scheune und einem weiteren Gebäude umgeben ist, war noch intakt, ähnlich wie eine Filmkulisse. Dahinter türmte sich als Schuttberg alles, was von den einstigen Gebäuden übrig geblieben war. Wir kamen mit der Frau ins Gespräch, und sie erzählte uns, dass sie seit ihrer Kindheit auf diesem Hof gelebt hatte, und wie schön es einst war. Inzwischen lebt sie in einer modernen Wohnung im Nachbardorf. Sie kommt jeden Tag für eine Stunde zurück, sitzt auf der Bank und versorgt ihre Katze, die nicht mit umziehen wollte. Sicher macht es einen Unterschied, ob man seine Heimat – und damit meine ich den Ort, an dem man aufgewachsen ist und an dem man lange gelebt hat – freiwillig und aus eigenen Überlegungen heraus verlässt, oder ob man dazu gezwungen wurde. Aber ich glaube, dass die meisten Menschen im Inneren mit ihrem Heimatort verbunden bleiben.

Bei meinen Reisen nach Italien habe ich sehr oft verlassene Dörfer gesehen, meist lagen sie weit abseits der viel befahrenen Straßen und häufig in Bergregionen. Die Gründe für die Abwanderung waren nicht nur die fehlenden Arbeitsplätze, häufig mangelte es auch an Verkehrswegen und jeglicher Infrastruktur, die ein modernes unbeschwerteres Leben möglich macht. Doch auch die Natur zwingt den Menschen immer wieder, Siedlungsgebiete, die über längere Zeiträume viele Vorteile boten, aufzugeben. Die bekanntesten Ursachen sind große Flächenbrände oder Hochwasser, die zum Teil durch die Klimaerwärmung begünstigt werden. Aber auch Vulkanausbrüche oder seismische Aktivitäten können die Ursache dafür sein. Als ich einmal in Sizilien auf der Suche nach einem geeigneten Übernachtungsplatz war, entdeckte ich abseits der Straße ein Dorf, das durch ein Erdbeben zerstört worden war. Einige Gebäude waren völlig verfallen, andere schienen fast noch intakt zu sein, wiesen aber bei näherer Betrachtung Risse im Mauerwerk auf oder waren im Inneren stark beschädigt. Sogar einen Kirchturm gab es noch, aber auch dieser war über die gesamte Höhe aufgerissen und erinnerte an eine geplatzte Bockwurst. An den Hängen des Ätna besuchte ich die Überreste eines Ortes, der durch einen Lavastrom ausgelöscht wurde.

In Italien hatte ich oft Kontakt mit Einheimischen, die bereit waren, mir ihre Grundstücke oder Wohnhäuser zu zeigen, wodurch ich die viel gepriesene Gastfreundschaft südlicher Länder persönlich kennenlernen durfte. An der Adriaküste wollte ich eine Holzkonstruktion fotografieren, die sich im Meer an eine felsige Küste schmiegte und von der aus sich eine riesige Senke – ein spezielles Gerät zum Fischen – bedienen ließ. Die Konstruktion lag in einem privaten Grundstück, also fragte ich den Eigentümer, ob ich Fotos machen durfte. Freundlich bat er mich herein und er bot mir und meinem Begleiter an, gleich noch zum Essen zu bleiben. Es gab natürlich Spaghetti Frutti di Mare und dazu passend einen regionalen Weißwein. Auf Sizilien wurde ich einmal durch eine ganze Gärtnerei geführt, da ihrem Besitzer meine neugierigen Blicke durch den Zaun nicht entgangen waren. Ursprünglich war ich unterwegs, um Ciabatta zu kaufen, worauf mein mitreisender Freund auf dem Campingplatz schon sehnlichst wartete. Schon die auffällige Fassade des Hauses zog mich sofort an, denn hier waren viele Fenster angeordnet, vor denen sich kleine Balkons mit wunderschönen

Die Einladung in seinen Weinkeller wollte ich aus Höflichkeit nicht ausschlagen.

schmiedeeisernen Geländern befanden. Der Garten war durch Terrassen dem Gelände angepasst, welche durch kleine Steintreppen verbunden waren, und die zwischen den bepflanzen Bereichen angelegten Wege wurden meist von begrünten Pergolen überspannt, die eine vielfältige Blütenpracht zierte. Mein Freund musste nun weiter warten, denn die Begehung dauerte länger als gedacht und endete schließlich mit einer Einladung in seinen Weinkeller, die ich aus Höflichkeit nicht ausschlagen wollte. Sicherlich war ich für ihn auch ein willkommenes Argument für einen kleinen Umtrunk in der Mittagszeit, die sich im kühlen Weinkeller gut überbrücken ließ. Mein Gastgeber redete die ganze Zeit über auf mich ein und ich verstand so gut wie nichts, denn mein Italienisch beschränkte sich auf etwa 30 Vokabeln. Das hinderte uns aber nicht daran, den Wein zu genießen, und so prostete ich ihm hin und wieder ein »Salute« zu, das er freudig erwiderte.

Tatsächlich gehört der Alkohol in vielen Ländern bei einer Einladung einfach dazu, im Süden Europas wird meist Wein angeboten, weiter nördlich darf es gern auch etwas Hochprozentigeres sein. In einem polnischen Walddorf in der Nähe der weißrussischen Grenze am Nationalpark Bialowieza war ich mit zwei Freunden in der Blockhütte einer älteren Frau zu einer Pilzsuppe eingeladen. Die Pilze hatten wir gemeinsam mit ihren Enkeln, die hier die Ferien verbrachten, in den umliegenden Wäldern gesammelt. Am Abend bat Großmutter, wie die Kinder sie nannten, uns dann in ihr bescheidenes, sehr kleines Häuschen. Es gab nur zwei Zimmer und eine kleine Küche im Eingangsbereich, in der sich auch ein Backofen befand. Auf dem Tisch in der guten Stube standen aber nur drei bis zum Rand gefüllte Teller auf dem weißen Tischtuch, die sieben Enkel und auch Großmutter saßen an der Wand auf einem schmalen Sofa und baten uns, am Tisch Platz zu nehmen. Freundlich, aber bestimmt bestanden wir darauf, dass sich alle an den Tisch setzten und wir nur gemeinsam die lecker duftende Pilzsuppe essen würden. Nach kurzem Zögern taten sie das dann auch, und schon bald war die merkwürdige Stimmung verflogen. Zu guter Letzt holte Großmutter dann auch noch eine Flasche Wodka aus dem Schrank, die auf jeden Fall den etwas steifen Beginn unseres Abends schnell vergessen ließ.

Während eines Urlaubs in Lappland waren meine Freundin, unsere Tochter, ein Freund und ich zum Surströmming eingeladen. Dabei handelt es sich um vergorenen Fisch aus Konserven mit gewölbten Deckeln. Diese schwedische Spezialität – Heringe, die durch Milchsäure gegärt werden – ist inzwischen weit über die Landesgrenzen bekannt. Im Internet finden sich eine ganze Reihe von Filmen, die vor allem junge Männer bei ihren etwas albernen Mutproben zeigen. Zugegeben, der faulige Geruch, der sich verbreitet, sobald man eine Dose öffnet, ist schon sehr speziell. Auf jeden Fall sollte man eine gewisse Vorsicht walten lassen und den Fisch am besten in der freien Natur essen. Man bereitet kleine Happen aus Knäckebrot vor, indem man sie mit Butter bestreicht und mit Pellkartoffeln, Zwiebeln und nach Bedarf auch noch Gurke oder Tomate, Schnittlauch oder auch Petersilie belegt. Der vorher gehäutete und entgrätete Fisch wird nur als kleines Stück obendrauf gegeben. Das Ganze schmeckt sogar sehr gut, und ich bin dankbar, von meinem schwedischen Gastgeber eine angemessene Einweisung für den Genuss dieser Spezialität bekommen zu haben. Bei ihm gab es übrigens nach jedem zweiten oder dritten Happen einen Trinkspruch oder ein kurzes Trinklied und dazu natürlich einen Schnaps.

Schwedische Fisch-Spezialität – gewöhnungsbedürftig

Auch heute noch packt mich die Neugier, wenn ich bei meinen Reisen ein interessantes Bauwerk entdecke, obwohl ich meine eigenen Blockhäuser längst fertig gebaut habe. All die Abenteuer und Begegnungen mit den gastfreundlichen Menschen bringen mich dazu, jede Gelegenheit zu nutzen, Holzhäuser genauer unter die Lupe zu nehmen, um etwas dazuzulernen. Dabei spielt es keine Rolle, wann und wie sie erbaut wurden, denn jedes Haus hat seinen eigenen Charakter. Wenn es dann auch noch zu einer Begegnung mit dem Erbauer oder Bewohner kommt, ist die Sache für mich perfekt. Vielleicht trinken wir dann auch gemeinsam ein Glas Wein oder einen Tee, auf jeden Fall gibt es ein gutes Gespräch, da bin ich ziemlich sicher.

Jedes Haus hat seinen eigenen Charakter.

ÜBER MONDHOLZ, WALDWESEN UND WILDSCHWEINE

Inzwischen hatte ich mir ein umfangreiches Wissen rund um den Blockhausbau angeeignet, und musste weitere Vorbereitungen treffen, damit ich mit dem Bau im Frühling beginnen konnte. Da es inzwischen einen Stromanschluss gab und auch die Wasser- und Telefonleitung mit der Hilfe meiner Freunde bereits erfolgreich verlegt war, konnte ich mich nun im Winter voll und ganz auf die Beschaffung der Materialien konzentrieren. Bei meinen Recherchen in der Literatur und der Begutachtung von Bauten hatte ich auch immer ein besonderes Augenmerk auf das Material gelegt. Da ich ein Blockhaus bauen wollte, galt meine Aufmerksamkeit besonders dem Holz, insbesondere der Kiefer. Aus Kiefernholz sollte meine Blockhütte schließlich gebaut werden, das hatte ich nach reiflicher Überlegung entschieden.

Aus Kiefernholz sollte meine Blockhütte gebaut werden.

In den hiesigen Wäldern ist die Kiefer eine der häufigsten Baumarten, sie wurde bereits seit Jahrhunderten von den Sorben zum Bau der sogenannten Schrotholzhäuser, den typischen lausitzer Blockhäusern, verwendet. Die für den Bau benötigten Balken wurden mit speziellen Beilen so behauen, dass ein vierkantiges Profil entstand, diese Balken nannte man Schrotholz. Da das Holz der Bäume nicht zu hart ist, lässt es sich gut bearbeiten – ein weiteres wichtiges Kriterium, was für die Verwendung spricht.

Auf keinen Fall wollte ich das Holz zur besseren Haltbarkeit mit einem Holzschutzmittel behandeln, sicher gibt es da Unterschiede und inzwischen sind die meisten eingesetzten Mittel auch umweltverträglich, aber für mich kam das nicht infrage. Für mich stand fest, dass das Holz auf jeden Fall naturbelassen bleibt, weshalb ich auch nie über eine Versiegelung mit Lacken oder Farbe nachgedacht habe. Ich habe Häuser gesehen, die mit transparentem Lack oder dunkler Holzschutzlasur gestrichen waren, obendrein waren alle Balken maschinengefertigt, einer sah aus wie der andere. Solche Häuser erscheinen mir immer seelenlos, sie haben kein Charisma und sind langweilig. Sie haben nichts über ihre Erbauer, den Wald, aus dem sie kommen, oder die Witterung, der sie ausgesetzt sind, zu erzählen, sie wirken oft wie Fremdkörper, die nicht selten deplatziert inmitten einer viel zu eng bebauten Siedlung stehen. Natürlich kann man Holz auch mit Farben versiegeln, das ist Geschmackssache, kommt für mich aber ebenfalls nicht infrage. Ich mag einfach keine farbigen Holzhäuser, es sei denn, sie stehen in Skandinavien. Vor allem, wenn sie im typischen Falunrot, das umgangssprachlich auch als Schwedenrot bezeichnet wird, gestrichen sind. Dieser Schutzanstrich hat in Schweden eine lange Tradition und gehört irgendwie dazu. Hergestellt wird die Farbe übrigens aus Leinöl, das mit roten Farbpigmenten aus dem Abraum des Kupferbergbaus in Falun gemischt wird. Diese Anstriche wurden schon im 16. Jahrhundert verwendet.

Für mich kam ein solcher Anstrich aber nie infrage, da ich das Holz naturbelassen einfach am schönsten finde. Durch die Witterung bekommt das Holz mit der Zeit eine ganz besondere Patina, die je nach Himmelsrichtung an einem Haus unterschiedlich aussehen kann. So ist das Holz an meiner Hütte, das 16 Jahre jedem Wetter ausgesetzt war, an der Süd- und Ostseite durch die Sonne sehr dunkel geworden, mit einer goldgelb schimmernden Maserung. An der Westseite, die auch die Wetterseite ist, hat das Holz eine fast silbergraue Farbe erhalten, eine dünne Patina, die auch einen gewissen Schutz bietet. Dennoch konnte ich das Thema Holzschutz nicht völlig beiseitelassen, daher suchte ich nach alternativen Möglichkeiten.

Holz hält sich einerseits lange, ist andererseits bei falscher Behandlung aber vielen Gefahren ausgesetzt. Die Eigenschaften der verschiedenen Holzarten sind aber recht unterschiedlich, und weil es dafür genügend ausführliche Literatur gibt, will ich nicht tiefer in die Materie eindringen. Dennoch möchte ich zumindest der von mir verwendeten Kiefer etwas mehr Aufmerksamkeit widmen. An sich ist das Holz, solange es sich im Stamm eines intakten, gesunden Baumes befindet, ganz gut geschützt. Der Aufbau eines solchen Stammes besteht aus mehreren verschiedenen Schichten, die unterschiedliche Funktionen haben. Von außen nach innen betrachtet, kommt zuerst die Rinde oder Borke, die sich wie eine sichere Haut um den Stamm legt und für dessen Schutz sorgt. Unmittelbar darunter liegt der Bast, der in Wasser gelöste Nährstoffe leitet, und darunter das Kambium, ein Gewebe, der für das Wachstum zuständig ist. Die darunter liegende Schicht ist das Splintholz, durch seine Kapillaren werden Wasser und Nährstoffe transportiert. Als letzte Schicht liegt in der Mitte das Kernholz, das wie ein Skelett dem Baum Stabilität gibt. Das Splintholz und der Kern bilden den größten Anteil und sind von ihrer Stabilität und Festigkeit her die Anteile, woraus letztlich das Bauholz besteht. Um die benötigten Dimensionen nach dem Aufsägen der Stämme zu erhalten, ist es also notwendig, schon vor dem Fällen der Bäume die richtige Auswahl zu treffen und auf die Stärke der Stämme zu achten.

Das Kernholz, das wie ein Skelett dem Baum Stabilität gibt

Bei älteren Bäumen ist der Kernholzanteil wesentlich größer. Da ich Balken daraus sägen wollte, war dieses Holz besonders wertvoll. Kernholz hat die besten Eigenschaften für diesen

Zweck, es ist härter und damit stabiler, aber auch resistenter gegen den Befall von Pilzen oder Insekten, die das weichere Splintholz bevorzugen. Weiterhin ist es wichtig, möglichst gerade Bäume auszuwählen, die am besten mitten im Wald stehen. Randbäume werden durch die Witterung häufig mehr beansprucht, dadurch liegt das Kernholz nicht mittig im Stamm oder es kann eine Drehwüchsigkeit auftreten, wenn sich das Holz spiralförmig um die eigene Achse dreht.

Auch der Zeitpunkt des Holzeinschlages ist von Bedeutung, zum einen für die weitere Verarbeitung, zum anderen kann er auch Auswirkungen auf die Haltbarkeit, die Anfälligkeit gegenüber Pilzen und Käferbefall oder sonstige Eigenschaften haben. Es gibt sogar Holzverarbeiter, die sich am Mondkalender orientieren und den Holzeinschlag danach ausrichten. Je nach Bedürfnissen sind hierbei bestimmte Tage festgelegt, und je nach Zeitpunkt des Einschlages werden dem Holz Eigenschaften wie zum Beispiel schwer entflammbar, resistent gegen Käfer- und Pilzbefall, besondere Festigkeit oder Wasserbeständigkeit nachgesagt. Ehrlich gesagt weiß ich nicht, ob man der Sache Glauben schenken kann, allerdings ergeben einige Zeitpunkte nach genauer Betrachtung durchaus Sinn, da viele in die Winterzeit fallen und dann zum Beispiel der Wassergehalt des Holzes gering ist, oder auf Grund der niedrigen Temperaturen auch kein Befall durch Käfer oder Pilze zu befürchten ist. Immerhin beruhen sie aber auf alten Erfahrungen, die durch genaues Beobachten der Natur über Jahrhunderte hinweg entstanden sind. Ich wollte auf Nummer sicher gehen, deshalb habe ich auch mein Holz nach dem Mondkalender eingeschlagen. Ob es etwas bewirkt hat, kann ich nicht sagen, und es ist schließlich jedem selbst überlassen, seine eigene Entscheidung zu fällen, sicher ist, es schadet in keiner Weise. Im Internet findet man schon mal sehr viele Quellen, die auf geeignete Termine hinweisen.

Mein Termin war perfekt, es war ein Winter, wie er sein sollte, mit allem, was dazugehört. Die Temperaturen lagen einige

Grade unter null, aber es war nicht zu kalt, genau richtig für schweißtreibende Arbeiten. Der Waldboden war mit Schnee bedeckt und überall auf den Wegen und auch zwischen den Bäumen waren Tierspuren wie Schriftzeichen auf die weiße Decke gemalt. Hier herrschte in der Nacht sicher reger Betrieb, aber am Tag ließen sich keine Tiere blicken. Schon aus Sicherheitsgründen sollte man Baumfällarbeiten auf keinen Fall allein durchführen. Abgesehen davon ist dabei auch eine ganze Menge an Arbeit zu erledigen und die meiste Zeit waren wir zu fünft im Wald. Es genügt nicht, die Bäume zu fällen, sie mussten entastet werden. Damit kann man aber auch warten, wenn man das Holz gern etwas trockener verarbeiten möchte, im Winter ist der Wasseranteil im Holz geringer, deshalb kann man gleich entasten. Sollte das Holz im Frühling oder Sommer geschlagen werden, ist es vorteilhaft, die Äste vorerst nicht zu entfernen. Da ich möglichst alles vom Holz der Bäume verwenden wollte, zersägten wir auch die Baumkronen, um sie zu Brennholz zu verarbeiten. Schließlich muss das Holz auch aus dem Wald gerückt werden, wie es in der Forstsprache richtig heißt. Wir waren also schon sehr präsent mit unseren Motorsägen und dem DFU, einem in die Jahre gekommenen Rücketraktor, mit dem wir das Holz transportieren konnten.

Es genügt nicht, die Bäume zu fällen, sie mussten entastet werden.

Bevor wir aber die Sägen anwarfen, ging ich mitten in den Bestand und verweilte kurz am Stamm einer Kiefer. Direkt daneben entdeckte ich eine frische Wolfsspur im Schnee. Ich holte aus meiner Geldbörse einige Centstücke heraus und steckte sie am Stammfuß der Kiefer in den Waldboden. Ein kleines Opfer, eine alte Tradition, viele Naturvölker tun es noch heute, um Geister und andere Waldbewohner zu besänftigen. Nun bin ich zwar weder abergläubisch oder esoterisch veranlagt, aber ich mag solche kleinen Rituale. Für mich sind sie wie ein kurzes Innehalten, eine Verneigung vor der Natur, aber auch eine

Art Entschuldigung für die Unannehmlichkeiten, die wir in den nächsten Tagen im Wald verursachen würden.

Natürlich sollte man, bevor man eine Motorsäge bedient, einen Lehrgang absolvieren. Die Arbeiten mit solchen Gräten sind nicht ungefährlich und viele Neueinsteiger überschätzen ihre Fähigkeiten. Schnell bleibt mal ein Baum in einer anderen Baumkrone hängen und kann so unter Spannung geraten, da sollte man schon wissen, was zu tun ist, auch das Entasten will gelernt sein. Meinen Sägeschein hatte ich schon vor vielen Jahren erworben, damals arbeitete ich im Forstbetrieb und war dort auch im Holzeinschlag tätig.

Jedes Mal, wenn der Tank leer war, gab es für die Säge und den Waldarbeiter eine willkommene Pause, die damit ausgefüllt wurde, die Ausrüstung wieder startklar zu machen. Die Kette wurde gefeilt, die Säge mit Öl und Benzin betankt und selbstverständlich auch die Arbeitsschutzausrüstung auf richtigen Sitz überprüft. Natürlich gab es um die Mittagszeit eine etwas längere Pause, schließlich müssen auch Waldarbeiter Energie tanken. Also Zeit für einen Pott Kaffee. Auf dem Weg zu unseren Fahrzeugen fiel mir dann eine besonders große Wildschweinspur auf und sofort kam mir eine alte Geschichte wieder in den Sinn, die ich in meiner Zeit als Forstarbeiter erlebt hatte. Genau die richtige Pausenunterhaltung für meine Mitstreiter!

Das Durchqueren eines Kiefernstangenwalds kann sehr beschwerlich sein.

Vor rund 35 Jahren war ich mit einer Gruppe von acht Arbeitern aus Vietnam zur Jungbestandspflege in einem Kiefernbestand des Forstbetriebes eingeteilt. Die jungen Männer waren Gastarbeiter und erhielten in der DDR nebenbei meist eine Ausbildung. Sie lernten schnell, und nicht nur sprachliche Barrieren wurden von Tag zu Tag mehr abgebaut, wir verstanden uns in jeder Hinsicht sehr gut, und ich arbeitete gern mit ihnen zusammen. Unsere Aufgabe in dem Stangenwald bestand darin, vom Förster markierte Bäume zu fällen und manuell an den Waldrand zu transportieren. Ich war der Motorsägenführer, denn uns stand nur eine Säge zur Verfügung und nur ich hatte eine Prüfung abgelegt. Zwei der jungen Männer waren jeweils mit einem etwa ein Meter langen stabilen Birkenstock ausgestattet. Ihre Aufgabe war es, vor mir durch den Baumbestand zu gehen und die vertrockneten Zweige im unteren Stammbereich abzuschlagen, damit ich mit der Säge ungehindert daran arbeiten konnte. Diese Arbeit nannte man tatsächlich Knüppeln, wer schon einmal quer durch die Reihen eines Kiefernstangenwalds gelaufen ist, wird verstehen, was ich meine, denn die Durchquerung wird durch die dichten Zweige sehr beschwerlich. Die anderen sechs Männer trugen die Kiefernstangen aus dem Bestand. In den Pausen und bei schlechtem Wetter konnten wir uns in einen Bauwagen setzen, der sich etwa 200 Meter weiter an einem größeren Waldweg befand. Einmal hat einer der Arbeiter in der Mittagspause mit seinem Stock eine kurze Vorstellung einer mir nicht näher bekannten asiatischen Kampftechnik gegeben, und ein weiterer der Männer war sofort mit von der Partie. Es war beeindruckend, und ich bewunderte die beiden, die ihre geringe Größe und fehlende Muskelkraft durch ihre Technik ausglichen. Zu dem Zeitpunkt konnte ich noch nicht ahnen, dass sie ihre Kampfkünste schon bald einsetzen würden.

An jenem Tag kamen wir gut voran und der Benzinvorrat der Säge war schon kurz nach der Mittagspause aufgebraucht. Ich musste deshalb zur nächsten Tankstelle fahren und Benzin kaufen. Das Wetter schien umzuschlagen, und ich erklärte dem Vorarbeiter der Gruppe, dass die Männer, falls es regnete, im Bauwagen auf mich warten sollten. Damals in den 1980er-Jahren war das Tankstellennetz bei Weitem nicht so dicht, und ich würde mit meinem Trabant nicht vor einer Stunde zurück sein. Bereits auf der Rückfahrt setzte dann der Regen ein, weshalb ich meine Leute im Bauwagen vermutete.

Als ich ankam, war alles still und ich ging davon aus, dass sie die zusätzliche Pause für ein Nickerchen nutzten, aber der Bauwagen war leer. Sollten sie etwa trotz Regen weitergearbeitet haben? Das konnte ich kaum glauben, die Arbeit war bei guten Bedingungen für sie schon anstrengend genug. Also begab ich mich in Richtung Kiefernschonung, wie man forstlich einen jungen Nadelbaumbestand auch nennt, um nachzuschauen. Schon nach wenigen Metern kam mir einer der Männer mit rudernden Armbewegungen entgegen und rief mir etwas zu, was ich erst nicht verstand, da er noch ein wenig Schwierigkeiten mit der Aussprache hatte. »Karsten komm snell, ein Swein, fangen ...«, verstand ich endlich, doch ich wusste nichts mit der Nachricht anzufangen. Meine Arbeitskollegen aus Vietnam hatten zwar sehr schnell die deutsche Sprache gelernt, aber mit der Aussprache hatten sie noch deutliche Probleme, besonders ein »sch« war für sie quasi unaussprechlich. Ich musste mich verhört haben und fragte noch mal nach. »Snell ein Swein fangen!«, stammelte er ganz außer Atem. Fragend schaute ich ihn an, während er mich an der Jacke zog und wir zu einer freien Stelle am Waldrand gingen. Alle diskutierten aufgeregt und standen in einem Kreis um einen größeren Reisighaufen, der in der Mitte aufgeschichtet war. Noch immer war mir nicht klar, was sie von mir wollten, auf jeden Fall war ich erleichtert, dass alle augenscheinlich gesund waren, denn kurz hatte ich wegen der Aufregung geglaubt, es hätte einen Arbeitsunfall gegeben.

»Karsten komm snell, ein Swein, fangen ...«

Dann trat einer meiner beiden Karatekämpfer an den Haufen, zog die Äste auseinander und zeigte mit einer Armbewegung auf das, was sich darunter verbarg. »Karsten, ein Swein!«, sprach er nun mit feierlicher Stimme. Mir fiel sprichwörtlich die Kinnlade herunter, denn vor mir lag ein stattlicher Keiler. Im ersten Moment wusste ich nicht, was ich sagen sollte, doch dann betrachtete ich das Wildschwein genauer und erkannte eine starke Verletzung an einem der Hinterbeine. Vermutlich stammte sie von einem Verkehrsunfall. Unser Arbeitsplatz befand sich in der Nähe eines Rangierbahnhofs für Güterzüge, vielleicht hatte sich das Tier dort verletzt. Wie aber kam es hierher? Nachdem ich meine Fassung wiedererlangt hatte, fragte ich, was denn eigentlich geschehen sei. »Regen, alle Kollegen Pause, wir sitzen und rauchen Zigarette«, begann der Karatekämpfer zu erzählen, was er sehr bildhaft mit ständigen Bewegungen, Gesten und Handzeichen untermalte. Ich hatte den Eindruck, mich plötzlich in einer Theateraufführung zu befinden, und das mitten in der Lausitzer Kiefernheide. »Plötzlis ein Swein kommen, so groß!«, fuhr er fort, mit der Hand die Größe des Tieres andeutend. »Alle Männer laufen fort, nur is und mein Kollege stehen stark!«, berichtete er, während er seinen Kollegen am Arm ergriff und sich gleichzeitig auf die Brust klopfte. Dann zog einer der beiden mit einer schnellen Bewegung seinen Gürtel aus der Hose, die sich als Armeekoppel mit einem roten Stern auf dem Schloss entpuppte. Blitzschnell schlang er den Gürtel um sein Handgelenk, sodass sich das Koppelschloss wie eine Verstärkung unter der Handkante befand. »Eine tödliche Waffe«, dachte ich mir, während der Mann breitbeinig in einem Abstand von etwa zwei Metern neben seinem Gefährten in Stellung ging. Der andere hatte sich inzwischen mit seinem Birkenknüppel bewaffnet und ebenfalls eine Kampfposition eingenommen. Dann begann ein regelrechter Jagdtanz, in dem die beiden, begleitet von den Kommentaren des Erzählers, den Kampf gegen das angreifende Schwein in allen Einzelheiten nachspielten. Laut ihrer »Vorführung«, attackierte der Keiler die beiden immer wieder, während die Männer im letzten Moment hinter einen Baum ausgewichen waren und das Tier mit ihren Waffen angriffen. Nach fünf oder sechs Attacken war das Schwein besiegt und brach schließlich zusammen. Ich war beeindruckt. Das war schon sehr mutig, wenn auch ein wenig gewagt.

Glücklicherweise ist keiner der beiden bei der Aktion zu Fall gekommen, denn so ein Wildschwein ist sehr wehrhaft, und es gibt immer wieder Begegnungen, die sogar tödlich für den Menschen ausgehen. Unter normalen Umständen greift aber kein Wildschwein einen Menschen an. Es kann nur gefährlich werden, wenn man einer Bache, einem weiblichen Wildschwein, das Frischlinge führt, oder einem Keiler, dem männlichen Wildschwein, in Paarungsstimmung zu nahe kommt. In unserem Fall war das Schwein verletzt und hatte sicher Schmerzen, eventuell auch Fieber, solche Umstände können ein Tier ebenfalls in Panik versetzen, was in seltenen Fällen zu solchen Situationen führen kann.

Nach der Jagd wollten meine Arbeitskollegen ihre Beute auch selbst schlachten und verzehren. Das aber war ein Problem, denn totes Wild muss gemeldet werden. Es bestand auch keine Möglichkeit, die Sache zu vertuschen, denn ein Wildschwein in einem Wohnheim zu schlachten ist nicht machbar, ohne ein gewisses Aufsehen zu erregen. Also musste ich den Förster benachrichtigen, was meine Leute nicht nachvollziehen konnten. Als der Förster eintraf, näherte er sich dem Schwein sehr vorsichtig, obwohl es reglos am Boden lag, und gab ihm den Fangschuss – der finale Schuss, der das Tier erlegt. Tatsächlich war das Tier nur betäubt gewesen. Auch er war erstaunt, als ich ihm erzählte, was vorgefallen war – wobei mein Bericht deutlich nüchterner ausfiel als die Aufführung meiner vietnamesischen Kollegen. Da hatte er wirklich was verpasst. Ich machte noch einen Versuch, ihm das Schwein aus dem Kreuz zu leiern, aber der war, wie ich es auch erwartete hatte, erfolglos. So einfach wurde das Volkseigentum in der DDR nicht an Gastarbeiter weitergereicht.

Tatsächlich war das Tier nur betäubt gewesen.

Meine Mitstreiter im Holzeinschlag hatten die ganze Geschichte mit Spannung verfolgt und mussten herzlich lachen. Wir hatten uns und unsere Sägen wieder »aufgetankt« und gingen nun mit frischer Kraft zurück in den Wald. Auf dem Weg machten wir kurz Halt an der Wildschweinspur, auf die nun einer meiner Freunde zeigte. »Karsten, snell, ein Swein fangen ...«, rief er lachend.

Wir hatten die Polter – so nennt man in der Forstsprache die aufgeschichteten Stammholzhaufen am Weg – mit einem Langholzhänger abtransportiert, zu Hause legten wir dann ein richtiges Holzlager an. Damit das Holz durch Bodenkontakt nicht zusätzlich nass wurde, legten wir es auf Unterlagen ab, die ebenfalls aus zwei parallel gelegten Baumstämmen bestanden. Dabei sollte darauf geachtet werden, dass die einzelnen Stämme sich nicht berühren, damit sie von allen Seiten belüftet werden. Die nicht aufgesägten Baumstämme kann man nicht unendlich lange lagern, denn sobald es wärmer wird, werden sich trotz aller Vorsichtsmaßnahmen Insekten, vor allem verschiedene Käfer, über das Holz hermachen. Darüber machte ich mir anfangs keine Gedanken, aber dann kam der Frühling schneller als gedacht und es wurde von Tag zu Tag wärmer. Der Baubeginn verzögerte sich durch unvorhergesehene Terminverschiebungen und noch immer wartete ich auf das Sägewerk, das ich nun unbedingt benötigte. So kam es, wie es kommen musste, die Käfer hatten Gefallen an meinem Holz gefunden. Da half nun auch kein Mondkalender mehr, die Borkenkäfer schienen nichts davon zu wissen, und so mussten wir schnellstmöglich die Stämme vor dem weiteren Verarbeiten schälen, um die Ansiedlung der Käfer unter der Rinde zu verhindern.

Die Käfer hatten Gefallen an meinem Holz gefunden.

Das unmittelbare Schälen der Stämme nach dem Fällen ist die beste Möglichkeit, einem Käferbefall zuvorzukommen, außerdem vermeidet man dadurch Blaufäule – einen Pilz, der zwar die Haltbarkeit des Holzes nicht beeinträchtigt, aber für viele optisch nicht besonders attraktiv ist. Außerdem trocknet das Holz schneller ohne Rinde, was einige Arbeiten vereinfacht, da es vom Gewicht her leichter wird.

Nicht zuletzt möchte ich noch auf eine besondere Methode zum Holzschutz hinweisen, die früher auch in der Lausitz angewandt wurde. Vor allem Holz, das nach dem Aufsägen besonders haltbar und unempfindlich gegen Feuchtigkeit oder den Befall durch Schädlinge sein sollte, wie zum Beispiel Balken, die sich unmittelbar über dem Fundament befinden, wurde präventiv so behandelt. Diese Methode konnte erst durch das intensive Beobachten der Natur entwickelt werden. Nach Stürmen mit enormer Windstärke kommt es zu Kronenbruch bei hohen Bäumen. Diese Bruchstellen bilden dann oft erhebliche Wunden, die den Baum angreifbar machen. Pilzen und Insekten steht nun keine schützende Rinde mehr entgegen. Doch die Kiefer hat für diesen Fall eine eigene Strategie entwickelt: Mit vermehrter Harzproduktion versucht sie, die Wunden zu verschließen. Diese zähflüssige Masse wird durch Harzkanäle im Baumstamm an die betroffenen Stellen geleitet. Dies hat man sich zunutze gemacht, um Baumstämme mit einem besonders hohen Harzanteil zu gewinnen. Dafür wurde bei ausgewählten Bäumen ein großer Teil der Krone entfernt, was auf lange Sicht ein Todesurteil für den Baum ist. Diese Bäume sterben aber sehr langsam ab, und so reichert sich nach und nach der Baumstamm immer mehr mit Harz an. Das Holz wird dadurch zwar deutlich schwerer, und es lässt sich nicht mehr so leicht bearbeiten, aber gerade für den Verbau im unteren Bereich einer Blockhütte ist dieses Holz sehr gut geeignet. In der heutigen Zeit ist diese Methode nicht mehr besonders beliebt, da sie auch eine lange Vorbereitung erfordert und sehr aufwendig ist. Auch für mein Blockhausprojekt kam das nicht infrage, deshalb konzentrierte ich mich in erster Linie auf das Holz, das einen besonders großen Kernanteil hat. Eine gute Vorbereitung und Planung, sowie das Beachten einiger weniger Regeln, kann sicherlich dazu beitragen, böse Überraschungen in Bezug auf die Haltbarkeit des besonderen Baustoffes Holz zu vermeiden.

EIN SÄGEWERK IN EINZELTEILEN

Eine wichtige Etappe auf dem Weg zur eigenen Blockhütte hatte ich geschafft, nun mussten weitere Schritte folgen. Noch war das Sägewerk nicht angeschafft, und nun, da die Zeichen in der Natur immer deutlicher den Frühling ankündigten, waren die Voraussetzungen für weitere Vorbereitungen gegeben.

Als Nächstes hatte ich den Bau eines Fundamentes geplant. Die Realisierung konnte sehr unterschiedlich umgesetzt werden, da selbst die Wahl der Baumaterialien verschiedene Möglichkeiten eröffnete. In der Lausitz wurde früher teilweise sogar auf ein eigentliches Fundament verzichtet, die Balken für den Grundrahmen legte man dann lediglich auf flache Steine. Später wurden als Fundamente an vielen Orten blaue Schlackesteine unter die erste Holzschicht gelegt, das waren Formsteine etwa in den Abmessungen 40 mal 25 mal 25 Zentimeter, die bei der Eisenherstellung als Nebenprodukt gegossen wurden. In Skandinavien wurde ebenfalls meist auf ein eigentliches Fundament beim Bau von Blockhütten verzichtet und kleine Findlinge als Lager sowohl unter Eckpunkte als auch in gleichmäßigen Abständen unter dem Grundrahmen verteilt. Ursprünglich hatte ich mich für diese einfache schwedische Methode entschieden, da ich aber nicht genügend geeignete Steine fand, war ich wieder davon abgekommen. Ein weiterer Grund war aber auch die Schwierigkeit, die erste Balkenlage waagrecht auf die Natursteine zu bringen, ich hatte ja keinerlei praktische Erfahrungen.

Welches Fundament?

Das Problem bei der Verwendung von Natursteinen besteht vor allem darin, Steine in ausreichender Menge und gleicher Höhe zu finden, die außerdem eine gute Auflagefläche für die Balkenlage haben. Also entschied ich mich für ein Streifenfundament. Dieses ist zwar deutlich aufwendiger und mit höheren Kosten und höherem Zeitaufwand verbunden, hat aber den Vorteil, dass der weitere Aufbau deutlich unkomplizierter vonstatten gehen würde.

Ich nahm also wieder Schaufel und Spaten in die Hand, um die etwa 60 Zentimeter tiefen Gräben für das Fundament auszuheben, in die dann später Steine, Betonbrocken und Metallstreben eingearbeitet wurden, damit ich sie mit zähflüssigem Beton ausgießen konnte. Nachdem dann der Beton ausgehärtet war, mussten an den vorgesehenen Eck- und Auflagepunkten noch kleine Aufbauten aus Granitsteinen in gleicher Höhe gemauert werden, sodass die Blockhütte später wie auf kleinen, etwa 30 Zentimeter hohen Säulen aufgesetzt werden konnte. Endlich geschafft, auch diesmal waren wieder fleißige Helfer aus dem Freundeskreis und der Familie mit am Werk – so ging es gut voran.

Zeitgleich musste ich ständig telefonieren, denn es galt eine wichtige Anschaffung zu machen: das eigene Sägewerk. Das hört sich gewaltig an und auch ich hatte keine rechte Vorstellung von einer solchen Maschine, bis ich es zum ersten Mal bei einem Bekannten sah. Im ersten Moment war ich ziemlich enttäuscht, denn vor mir stand ein Aluminiumgestell, auf das im oberen Bereich eine Motorsäge montiert war. Ich wollte nicht glauben, dass man damit größere Baumstämme zu Balken und Brettern aufsägen konnte. Mein Bekannter aber beruhigte mich und versicherte mir, dass es sehr wohl möglich sei, und nach einiger Recherche im Internet fand ich viele Bilder, die mich überzeugten. Das Sägewerk, für das ich mich entschieden hatte, wurde von der schwedischen Firma Logosol produziert, ein weiterer Umstand, der mich überzeugte, schließlich hatten die

Schweden in Sachen Holzverarbeitung die Nase sehr weit vorn und ich orientierte mich bei der Bauweise meiner Blockhütte an der schwedischen Art. Glücklicherweise gab es in Deutschland, wenn auch weit entfernt am Bodensee, eine Niederlassung der Firma, und schon bald stand ich mit ihnen im telefonischen Dauerkontakt.

Die Gespräche selbst verliefen völlig anders, als ich sie erwartet hatte. Zumeist befand sich am anderen Ende der Leitung ein Schwede, der mit einem schwäbischen Dialekt nicht leicht zu verstehen war. Aber der Typ war mir schon von Anfang an sehr sympathisch. Nie hatte ich das Gefühl, dass mir jemand ein schnelles Geschäft aufzwingen wollte, nein, ich fühlte mich verstanden und förmlich an die Hand genommen. Da war jemand, der mit mir gemeinsam ein Problem aus der Welt schaffen wollte. Ich brauchte eine Maschine, die bestimmte Kriterien erfüllen musste, die ich selbst aus mangelnder Erfahrung aber noch nicht richtig kannte. Mein Gesprächspartner konnte mir bald durch gezielte Fragen, in Verbindung mit einer gehörigen Portion Ausdauer und dem nötigen Fachwissen, sagen, was ich für den Anfang brauchte. Unsere Gespräche wurden mit der Zeit sogar immer persönlicher, und ich bekam bald das Gefühl, wir würden uns schon lange kennen. So kam es bald dazu, dass der schwedische Schwab und der sächsische Sorbe, wie wir uns inzwischen scherzhaft gegenseitig nannten, auch andere Themen in unseren Telefonaten aufgriffen. Noch konnte ich nicht ahnen, dass ich Hendrik auch bald persönlich kennenlernen sollte.

Am anderen Ende der Leitung: ein Schwede mit einem schwäbischen Dialekt

Ich konnte den Tag kaum erwarten, an dem das Sägewerk angeliefert werden sollte, bald würde ich meinen ersten Baumstamm selbst aufsägen. Aus Kostengründen hatte ich kein vormontiertes Sägewerk bestellt. Da es eine einfache Konstruktion war, sollte sie nach meinem Dafürhalten ohne Probleme zusammenzufügen sein. Viele werden sicherlich irgendwann schon einmal ein Produkt aus einem bekannten schwedischen Möbelhaus erworben haben, das in der Filiale oder dem Katalog wunderbar präsentiert, aber dann als sehr flaches Paket mit einer Unmenge an Einzelteilen verkauft wird. So auch mein Sägewerk. Es war sehr ernüchternd, als ich die Lieferung erhielt und begann, die Pakete zu öffnen. Doch glücklicherweise hatte ich meinen Bekannten, der mich ursprünglich zum Blockhausbau inspiriert hatte, an meiner Seite. Vor uns lagen Tüten mit Schrauben, Unterlegscheiben und Muttern zwischen diversen größeren und kleineren Teilen, deren Bedeutung sich für mich vorerst nicht erschlossen hatte.

Das Wetter war uns gewogen und in den nächsten Tagen sollte es auch weiterhin freundlich und warm sein, beste Bedingungen, um mit dem Zusammenbau zu beginnen. Also breiteten wir zunächst die flachen Verpackungskartons vor uns aus und begannen mithilfe der Bauanleitung, alles zu sortieren. Das stellte sich als gute Herangehensweise heraus, um schnell zum Ziel zu kommen. Wie oft ist man geneigt, solche in Einzelteile gelieferten Konstruktionen rein intuitiv und mal eben schnell zusammenzubauen. Ich kenne einige Leute, die auf diese Weise an die Dinge herangehen, und gebe zu, früher selbst dazugehört zu haben. Allerdings hat mir das in den meisten Fällen eher Kopfschmerzen bereitet, sehr oft vergisst man etwas und alles muss wieder demontiert werden. Inzwischen bereite ich mich immer besser vor, lese in Ruhe die Gebrauchsanweisung oder Aufbaubeschreibung und arbeite Schritt für Schritt. Ungeduld ist kein guter Berater und vermeintliche Zeiteinsparung entpuppt sich so schnell genau als das Gegenteil.

Ungeduld ist kein guter Berater.

Nach und nach nahm das Sägewerk Gestalt an und ähnelte immer mehr dem Gerät, das auf der Titelseite der Aufbauanleitung abgebildet war, auch wenn es immer mal zu kleinen

Verzögerungen kam, da einige der Schwarz-Weiß-Abbildungen nicht perfekt oder Texte nicht optimal übersetzt waren – vielleicht lag es aber auch an unserem fehlenden technischen Verständnis. Doch dann hatten wir es geschafft, der erste Stamm lag auf dem Sägewerk und die scharfe Kette der Säge fraß sich gierig in das Holz. Sofort verbreitete sich der wunderbare Duft von frisch aufgesägtem Kiefernholz und ein breites Grinsen machte sich auf meinem Gesicht breit. Nach diesem ersten Schnitt aber setzte bald Ernüchterung ein. Wir mussten feststellen, dass dieser Schnitt alles andere als sauber und gerade war. Die Fläche wies an einer Stelle einen deutlichen »Bauch« auf und schon saß ich wieder am Telefon, um mich beraten zu lassen. Allerdings brachte auch eine neue Justierung, die uns angeraten wurde, keine Verbesserung. Also begannen wir die gesamte Sägeführung auf voller Länge nachzumessen und entdeckten dabei einen leichten Knick in der Führungsschiene – das ist das Teil am Sägewerk, das für einen geraden Schnitt zuständig ist.

Als wir es genauer begutachteten, wurde uns schnell klar, dass der Schaden nur durch einen unsachgemäßen Transport verursacht worden sein konnte. Also rief ich wieder an, was mir mittlerweile schon etwas peinlich war, aber Hendrik, der Spezialist, beruhigte mich und versprach mir schnelle Hilfe. Noch am gleichen Tag wurde ein Ersatztransport veranlasst, damit es keine große Verzögerung geben würde. Im Spreecamp nutzten wir die Zeit mit weiteren Vorbereitungen, denn Arbeit gab es schließlich genug. Baumstämme wurden sortiert und auf benötigte Längen eingekürzt und außerdem mussten noch einige Stämme von der Rinde befreit werden, um der Käfer-Invasion Einhalt zu gebieten.

Als wir an diesem Tag am frühen Nachmittag eine kleine Pause einlegten und es uns auf dem Holzlager bequem machten, kam es zu einer besonderen Begegnung. Unmittelbar neben mir landete eine Taube und schaute mich an. Sofort erkannte ich, dass es sich um eine Brieftaube handelte, sie war am Fuß beringt und das PL auf ihrem Ring war ein klarer Hinweis auf die polnische Herkunft. Dankbar pickte sie die Weizenkörner direkt aus meiner Handfläche, die wir aus den Beständen des Hühnerfutters abgezweigt hatten, denn sie war offensichtlich sehr erschöpft und musste wieder neue Kräfte sammeln. Da Brieftauben einen guten Orientierungssinn haben, sind sie bemüht, so schnell wie möglich zum heimatlichen Taubenschlag zurückzukehren. Diese Eigenschaft wurde durch die Zucht der Tiere immer weiter verbessert. Wie die Tauben nach Hause finden, ist bis zum heutigen Tag noch nicht endgültig erforscht, man vermutet, dass sich die Tiere am Magnetfeld der Erde, am Stand der Sonne und den Sternen orientieren, wie es zum Beispiel auch Zugvögel tun. Dank dieser besonderen Fähigkeit werden die Tauben leider sehr oft für internationale »Wettkämpfe« missbraucht und mit großen Transportern durch Europa gekarrt, um sie dann weit entfernt der Heimat aufsteigen zu lassen. In meinen Augen ein zweifelhafter Sport, doch die Brieftaube wird auch offiziell als Sporttaube bezeichnet. Die Flüge, die den Tieren sehr viel abverlangen, können bis zu 650 Kilometer lang sein und nicht selten sterben die Tauben auf dieser Reise an den Folgen ihrer Erschöpfung. Alles nur für Erfolg, Ruhm und Ehrungen, die einzig dem Taubenbesitzer zufallen.

Neben mir landete eine Taube und schaute mich an.

Während meiner Kindheit hatten sich oft Tauben auf den Hof meines Elternhauses verirrt, vermutlich wurden sie angezogen von unseren Haustauben und anderem Geflügel, da sie hofften, Nahrung zu finden. Mein Vater züchtete selbst seit seiner Jugend Brieftauben. Mehrmals versuchte er Kontakt zu den Besitzern solcher auch durch besondere Wetterlagen verirrten Tiere herzustellen, um sie wieder zurückzuführen. Immer wurde er abgewiesen, nicht selten mit dem Kommentar des Besitzers, dass dieses Tier nichts tauge, da es seine Erwartungen nicht erfüllt hatte. Eine wie gesagt sehr fragwürdige Sportart, bei der das Tierwohl keinerlei Bedeutung mehr hat, wenn die entsprechende Leistung nicht gebracht wird.

Die besondere Eigenschaft der Brieftaube machte man sich schon früh zunutze, um an den Füßen oder speziellen Kapseln auf dem Rücken kleine Nachrichten zu versenden. Vor allem zu Zeiten, als es noch keine Kommunikation per Post, Telegraf oder Telefon gab. Nicht selten wurden die Tauben auch bei militärischen Operationen eingesetzt. So wurde zum Beispiel die Übermittlung der Siegesnachricht in der Schlacht von Waterloo 1815 per Brieftaube an die britische Regierung gesendet. Auch im Ersten Weltkrieg wurden Brieftauben von deutscher und französischer Seite eingesetzt und die Nachrichtenagentur Reuters begann 1849 in Aachen den Pressedienst mit Brieftauben.

Unser gefiederter Gast schien sich inzwischen sehr wohlzufühlen. Anders als ich es ursprünglich vermutete, wollte die Taube den Platz vorerst nicht verlassen, und blieb während der gesamten Bauphase wie ein Maskottchen bei uns. Natürlich bekam sie einen Namen, Roma sollte sie von nun an heißen, wie die Bevölkerungsgruppe, die dafür bekannt ist, ein fahrendes Volk zu sein, vielleicht auch auf der Suche nach einer neuen Heimat.

Roma sollte sie von nun an heißen.

Als endlich die neuen Führungsschienen eingetroffen waren, konnte es mit dem Aufsägen der Balken weitergehen. Aber wieder gab es einen Rückschlag, denn schon beim Auspacken mussten wir feststellen, dass die Schienen wieder beschädigt wahren. Ich war verzweifelt und scheute mich zunächst, die Nachricht an die Absender weiterzuleiten – das konnte doch alles nicht wahr sein! Nach kurzer Überlegung fasste ich einen Entschluss: Mein Bekannter und Mentor, der für mich der kompetente Blockhausbauer vor Ort war, musste mich wieder verlassen. Da ich nicht absehen konnte, wann und wie es mit dem Bau weiterging, ich aber auch nicht in der Lage war, ihn weiter zu finanzieren, entschloss ich mich zu diesem Schritt. Seine Aufgabe sollte es eigentlich sein, am Aufbau des Hauses mit Rat und Tat an meiner Seite zu stehen, aber bisher waren wir noch nicht einmal dazugekommen, die benötigten Balken aufzusägen. Also verabschiedete ich mich schweren Herzens von ihm, ein wichtiger Partner verließ die Baustelle. Sein Wissen würde mir in Zukunft fehlen, denn schließlich hatte er schon am Bau von Blockhütten mitgewirkt.

Als zweiten Schritt beschloss ich, selbst zu der deutschen Niederlassung der schwedischen Firma an den Bodensee, genauer nach Bad Saulgau, zu fahren, um die defekten Teile gegen neue auszutauschen. Wieder wurde mir von vornherein unkomplizierte Hilfe zugesichert und ich machte mich auf den Weg. Die Zeit war knapp, denn ich hatte etwa 700 Kilometer zu absolvieren und die Vertretung schloss wie die meisten Verkaufsstellen um 18 Uhr, für mich eigentlich kaum zu schaffen, also telefonierte ich während der Fahrt, um mein Eintreffen nochmals anzukündigen. Und wieder bekam ich eine überraschende Antwort. Sie sagten mir, ich sollte ganz ruhig weiterfahren, man würde auf jeden Fall auf mich warten. Mein Begleiter, mein guter Freund Jupp, der mich im Spreecamp bei der Realisierung verschiedener Projekte immer wieder unterstützte und inzwischen schon irgendwie zur Familie gehörte, hatte derweil die Straßenkarte auf dem Schoß und navigierte mich sicher bis ans Ziel.

Endlich kamen wir an, inzwischen war es schon 19 Uhr und trotzdem begrüßten uns Hendrik, der »schwedische Schwab«, und ein weiterer Mitarbeiter sehr herzlich und entspannt. Zuerst wurden wir durch die Halle geführt und erhielten eine Betriebsführung, bei der es für mich bezüglich des Sägewerks noch so manchen nützlichen Tipp gab.

Dann begutachteten wir die beschädigten Teile und den beiden war sofort klar, dass es sich um einen Transportschaden handeln musste. Ohne viel Aufhebens erhielten wir Ersatz, den ich nun wie rohe Eier behandelte und gut geschützt in meinem Kleinbus verstaute. Es würde bald dunkel werden und wir wollten gleich wieder die Rückfahrt antreten, aber da ich nun ebenfalls nicht drängen wollte, schließlich hatten sie auch auf uns gewartet, schritt die Zeit immer weiter voran. Wir waren beim Du angekommen, denn alle Kunden seien verbunden, wie eine Familie, und außerdem sei das in Schweden so üblich, versicherte mir Hendrik. Als sich sein Mitarbeiter verabschiedete, wollte ich ebenfalls die Gelegenheit zum Aufbruch nutzen und wurde im gleichen Moment gefragt, wo wir denn eigentlich übernachten würden. »Wir fahren gleich wieder zurück«, antwortete ich. »Auf keinen Fall!«, antwortete der sympathische Schwede prompt. »Das ist viel zu weit, ihr könnt in meinem Haus übernachten.« So viel Gastfreundschaft machte mich sprachlos, und bevor ich mich bedanken konnte, wurden wir obendrein zum Abendessen in eine Gastwirtschaft eingeladen. Ich war wirklich überwältigt und auch heute denke ich noch gern an diesen Tag zurück. Wir saßen an diesem Abend noch lange in seinem Haus zusammen, es gab bei einem Bierchen viele interessante Geschichten aus Schweden und der Lausitz zu erzählen, und so wurden aus Geschäftspartnern schließlich Freunde.

So viel Gastfreundschaft machte mich sprachlos.

Nach unserer Rückkehr in die Lausitz endete meine Pechsträhne. Das Sägewerk funktionierte wunderbar und ich hatte bald die Balken für die erste Lage geschnitten. Es war ein wunderbares Gefühl zu erleben, wie sich Stück für Stück aus einem Stamm Bretter und Balken formten. Der Duft von frisch gesägtem Holz lag in der Luft und ich war glücklich. Erstaunlicherweise leistete mir die Brieftaube Roma immer noch Gesellschaft und ließ sich von mir aus der Hand füttern. Mich wunderte das, zumal sie ja keine Artgenossen hatte. Sie gehörte irgendwie inzwischen zum

Der Duft von frisch gesägtem Holz lag in der Luft.

Spreecamp. Morgens nach dem Aufstehen hielt ich sofort nach ihr Ausschau und war immer erleichtert, wenn sie sich ihre Ration Körner abholte. Für mich war sie so etwas wie ein Glückssymbol geworden, wie ein guter Geist, der über der Baustelle wachte. Allmählich machte ich mir allerdings Sorgen, da sie so allein war, denn Tauben sind nun mal keine Einzelgänger. So beschloss ich eines Tages, bei meinem Vater einige Tiere als Gesellschaft für Roma zu erbitten.

Mein Vater hielt seine Brieftauben nur zur reinen Freude, niemals, um sie an Preisflügen teilnehmen zu lassen; für ihn gehörten Tauben auf dem Dorf immer mit zum prägenden Bild. Auch heute, während ich das schreibe, ist er mit über 80 Jahren diesem Hobby noch treu geblieben und erzählt gern mit leuchtenden Augen die Geschichte, wie es damals mit den Tauben bei ihm begann: Er hatte seine ersten Tiere schon als Fünfzehnjähriger von einem Züchter aus der Kreisstadt erhalten, den er immer wieder aufsuchte, um gierig Informationen aufzusaugen. Das ging oft bis tief in die Nacht, sagte er mir, und es machte ihm nie etwas aus, im Anschluss den zwanzig Kilometer langen Heimweg mit dem klapprigen Fahrrad zu absolvieren. Erst neulich beklagte er sich bei mir, dass er im Dorf einer der Letzten sei, der noch frei fliegende Tauben besitzt.

Ich bekam weitere fünf Tauben von meinem Vater. Nun musste ein Taubenstall her, damit Roma und ihre Artgenossen für die Nacht eine Bleibe hatten, schließlich gab es in der Spreeaue auch Steinmarder, die sich an den ungeschützten Tieren vergreifen konnten. Das bedeutete für mich wieder eine kleine Unterbrechung der Bautätigkeit, aber das machte nichts, inzwischen ging ich gelassener an meine Aufgaben heran und stellte bald fest, wie viel Wahrheit in dem alten Spruch »In der Ruhe liegt die Kraft« steckt. Auch das wurde mir von meinem schwedischen Freund Hendrik bei unserem Treffen wieder ins Gedächtnis gerufen.

»In der Ruhe liegt die Kraft.«

PRAXISTEIL: EIN WACHSENDES HAUS

In diesem Kapitel geht es in erster Linie um die Beschreibungen von Arbeitsschritten. Ich werde die Grundlagen erklären, die sowohl zur Herstellung der Balken als auch zum Aufbau benötigt werden. Falls Sie kein Blockhaus bauen wollen oder Sie sich nicht für die Einzelheiten interessieren, blättern sie einfach weiter. Ich beschreibe übrigens immer nur meine eigene Herangehensweise und die Erfahrungen, die ich persönlich gemacht habe. Das bedeutet nicht, dass Sie es auch genau so tun müssen.

Grundlagen des Blockhausbaus

Nun hatte ich also genug Holz für die Grundkonstruktion meines Blockhauses gesägt, und die eigentliche Bautätigkeit konnte beginnen. Leider fehlte mir aber mein Mentor mit seinen Erfahrungen im Blockhausbau, also musste Ersatz her. Schon lange durchforstete ich das Internet nach Hinweisen und Literatur zum Blockhausbau und hortete inzwischen auch einen ansehnlichen Stapel Bücher in meinem Bauwagen. Aber sie waren alle auf Englisch verfasst und verbargen für mich in ihren Fachtexten so manches wertvolle Detail. Doch ich hatte mal wieder Glück, denn ein neues Buch, wenn auch nur über eine spezielle Eckverbindung, kam auf den Markt. Gut war nicht nur, dass es auf Deutsch erschien, in diesem Werk wurden auch detailgenaue Zeichnungen zu jedem Arbeitsschritt abgebildet. Sozusagen ein Buch für Dummys, für absolute Anfänger, so wie ich noch immer einer war. Zwar war die gezeigte Eckverbindung recht kompliziert und deutlich schwieriger herzustellen, als ich es ursprünglich vorhatte, aber da es so gut erklärt war, für jeden realisierbar. Ich war erleichtert und glücklich, als ich es endlich in den Händen hielt. Nun musste es doch gelingen!

Was mir aber schnell klar wurde: In dem Buch war das Grundgestell oder der untere Rahmen sehr viel einfacher ausgeführt, weil das Haus im Beispiel ebenerdig aufgebaut wurde. Bei mir sollte jedoch der Grundrahmen auf die Fundamentsteine aufgesetzt werden und das ganze Haus wie auf kurzen Säulen etwa 30 Zentimeter über dem Boden schweben. Das setzte aber dringend eine stabile, tragende Grundkonstruktion voraus, auf die später auch ein Fußboden mit entsprechender Isolierung aufgebaut werden konnte. Also musste ich mir eine eigene Konstruktion überlegen, die meinen Ansprüchen gerecht wurde.

Ich musste mir eine eigene Konstruktion überlegen.

Es dauerte nicht allzu lange, und ich wusste, wie ich einen entsprechenden Schwellrahmen – so wird die Grundkonstruktion auch genannt – für meine Bedürfnisse bauen musste. Anders als in den meisten Büchern gezeigt, wollte ich den Rahmen so konstruieren, dass alle Elemente (Balken) am Ende auf einer Höhe liegen. Das zu beschreiben ist natürlich nicht einfach und für einen Neueinsteiger auch nicht unbedingt nachvollziehbar, darum habe ich zusätzlich einige Zeichnungen angefertigt, die Sie ab Seite 63 finden.

Die Balken, die ich für den Grundrahmen benötigte, haben etwa eine Breite von 18 Zentimetern und sind auch 18 Zentimeter hoch. Die jeweiligen Längen hängen natürlich von der geplanten Größe des Hauses ab. Der Grundrahmen besteht im Wesentlichen aus zwei Balken in der Länge und zwei kürzeren Balken an den Stirnseiten, die an den Ecken nur überplattet wurden. Mittig zwischen den beiden Längsbalken wird nun ein weiterer Balken eingefügt, welcher die Balken an den Stirnseiten wiederum durch eine Schwalbenschwanzverbindung verankert.

Zusätzlich werden nun mehrere kurze Balken, die deutlich schmaler sein können, eingesetzt. Ich habe Balken mit den Maßen 10 Zentimeter in der Breite und 15 Zentimeter in der Höhe verwendet. Diese Elemente werden als Verbindung von der Mitte zu den Längsbalken eingesetzt, und deshalb werden auch sie mit Schwalbenschwänzen versehen und in die Mittel- und Seitenbalken verankert. Da die zuletzt genannten Balken später auch die Aufgabe haben, den Fußboden zu tragen, sollte man von Anfang an entsprechend Abstände und Anzahl dieser Elemente einplanen. Ich hoffe, die Beschreibung ist mir gelungen, schauen Sie sich gerne noch zum besseren Verständnis die Zeichnungen dazu an.

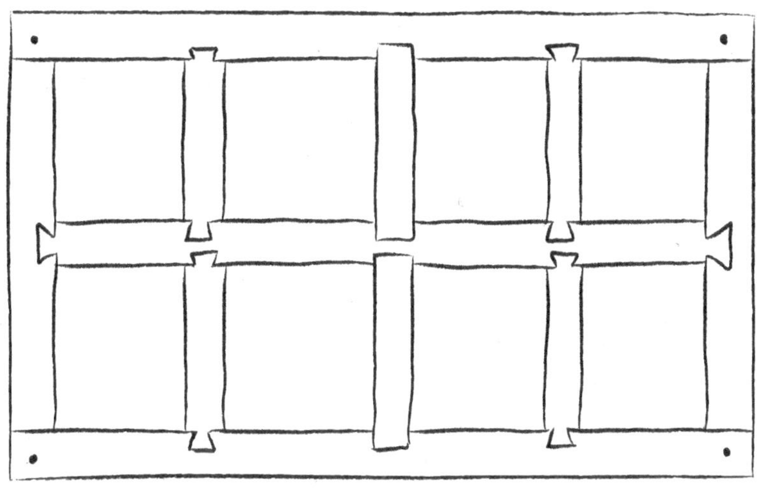

Grundrahmen

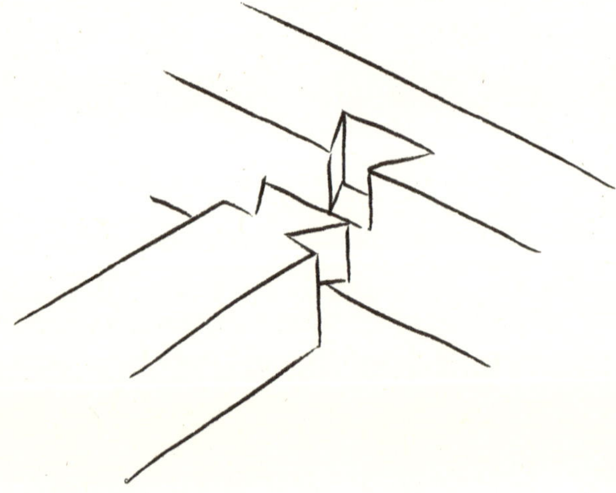

Halber Schwalbenschwanz mit Aufnahme

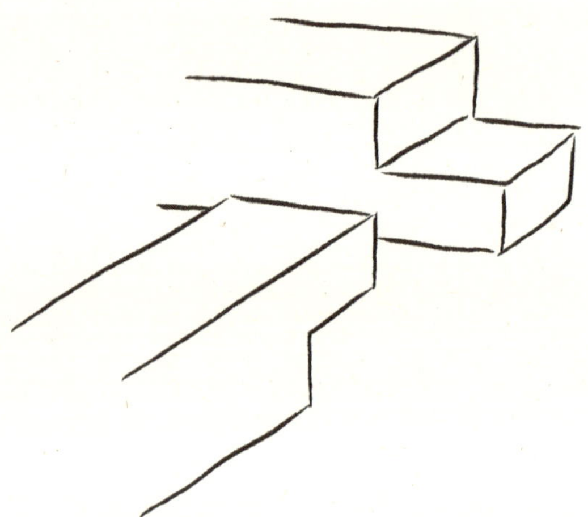

Überplattung an der Grundrahmenecke

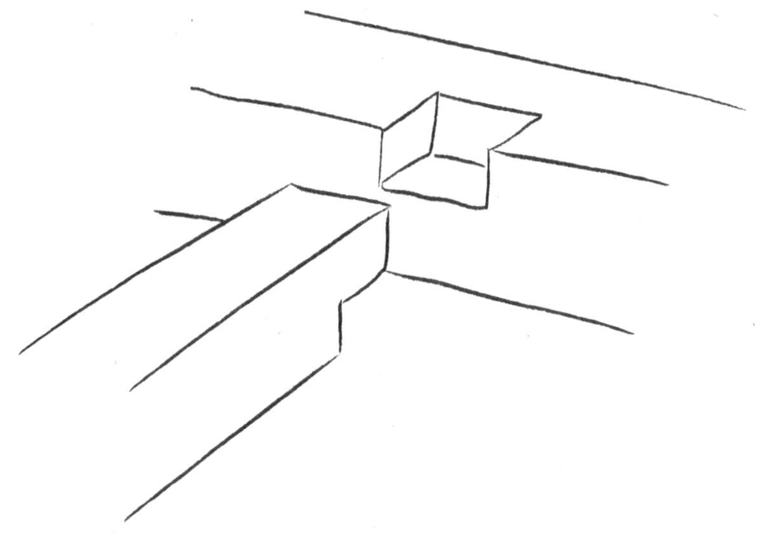

Überplattung mit Aufnahme

Eine erste Hürde war nun geschafft und der Schwellrahmen lag auf dem Fundament. Nichts wackelte, alle Teile waren fest miteinander verbunden, obwohl in der Konstruktion kein einziger Nagel verbaut wurde. Beim Betrachten meines Arbeitsergebnisses war ich mächtig stolz, sicher waren nicht alle Schwalbenschwänze perfekt gearbeitet, und jeder Zimmermann würde die Stirn runzeln, aber meine Konstruktion war stabil und würde ihren Zweck erfüllen. Für mich war das immer das entscheidende Kriterium, ich wollte nie durch Perfektion einen Schönheitspreis gewinnen, sondern bevorzugte einfache, praktische Lösungen, die trotz ihrer Funktionalität ihren ganz eigenen Charme haben. So konnte es weitergehen, ich hatte Freude bei der Arbeit, da inzwischen auch ein erstes Ergebnis zu sehen war.

Ein erstes Ergebnis war zu sehen.

Im nächsten Schritt waren die Seitenwände an der Reihe. Da ich immer nur ein kleines Team zur Verfügung hatte (meistens waren wir nur zu zweit), wurden dadurch auch der Arbeitsrhythmus und die weiteren Abläufe bestimmt. Wir sägten immer nur zwei gleich lange Balken auf, die jeweils als Seiten- oder Stirnwand gesetzt wurden. Diese wurden zwar im ersten Schritt ebenfalls als Vierkant mit den Maßen von 18 Zentimetern Höhe und 15 Zentimetern Breite geschnitten, danach aber erfolgte ein weiterer Arbeitsschritt. Denn sowohl die Ober- als auch die Unterseite der Balken bekamen nun eine Rundung, die ich mithilfe einer speziellen Blockhausfräse, die mit dem Sägewerk kompatibel war, hergestellt habe. Die Rundung diente vor allem dazu, das Eindringen von Regenwasser zwischen die einzelnen Balkenlagen zu verhindern und es an der Wand ablaufen zu lassen. Zusätzlich fräste ich in die Unterseite der Balken eine konkave Rundung, die dann für eine dichtere Verbindung der einzelnen Lagen sorgen sollte.

Das alles klingt komplizierter, als es letztendlich war, und auch ich hatte im Vorfeld Bedenken, schließlich ergab es aber Sinn und war mit dem richtigen Werkzeug ohne Probleme umsetzbar. Die Balken waren nun bereit für den Wandaufbau. Bis die benötigte Höhe erreicht war, wiederholten sich die Arbeitsgänge immer wieder, sodass es von Balken zu Balken schneller ging. Eine Besonderheit war aber das erste Balkenpaar, denn sie hatten konstruktionsbedingt nur die halbe Höhe, also in dem Fall 9 Zentimeter. Bei diesem, aber auch beim zweiten Balkenpaar der ersten Lage, hatte ich die Unterseite auch nicht gefräst, und die Kanten und die gerade Fläche erhalten lassen, damit sie sich perfekt auf den Grundrahmen aufsetzen ließen. Dabei spielt es keine Rolle, ob man an den Stirnseiten oder an den Längsseiten beginnt. Immer aber werden zwei parallel zueinander verlaufende Balken gelegt, anders ist der Aufbau logischerweise nicht möglich.

Von Balken zu Balken ging es schneller.

Die ersten zwei Balken werden übrigens auf dem Grundrahmen befestigt, damit sie nicht verrutschen und die Konstruktion weiter Halt bekommt. Dazu verwendet man am besten Holznägel, die in vorgebohrte Löcher eingeschlagen werden. Holznägel werden meist aus Hartholz wie zum Beispiel Eiche hergestellt und haben die gleiche Funktion wie ihre kleineren Verwandten, die Holzdübel. Diese sollten jedem bekannt sein, der schon mal Möbel aus Einzelteilen zusammengebaut hat. Außerdem ist es vorteilhaft, sie auf der Grundkonstruktion jeweils etwas nach außen über die Kante zu rücken, um einen etwa 3 Zentimeter breiten Überstand zu erhalten. Am besten fräst man in den Überstand dieser Balken vor dem Einbau etwa 1,5 Zentimeter von der Kante gemessen, eine 1 Zentimeter tiefe Nut ein. Das hat zwei Vorteile: Das Wasser kann später nicht auf den Grundbalken gelangen, denn dadurch hat man eine perfekte Tropfkante und auf der Innenseite zusätzlich eine rundum führende seitliche Auflagekante für den Fußboden.

Von nun an wiederholten sich die einzelnen Arbeitsschritte bei jeder Lage, bis die Wände die gewünschte Höhe erreichten.

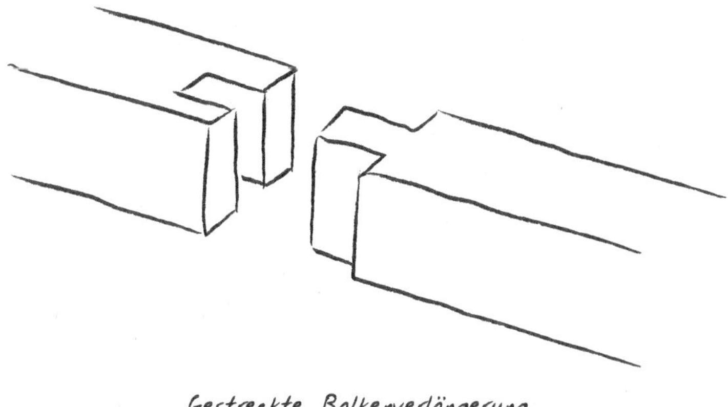

Gestreckte Balkenverlängerung

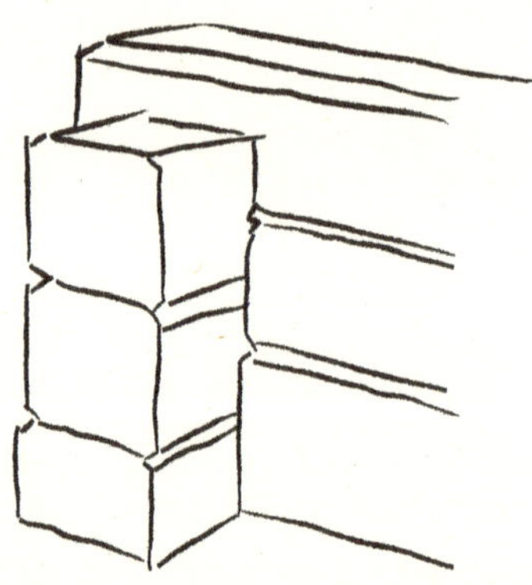

Aufbau einer Ecke, mit erstem Balken auf halber Höhe

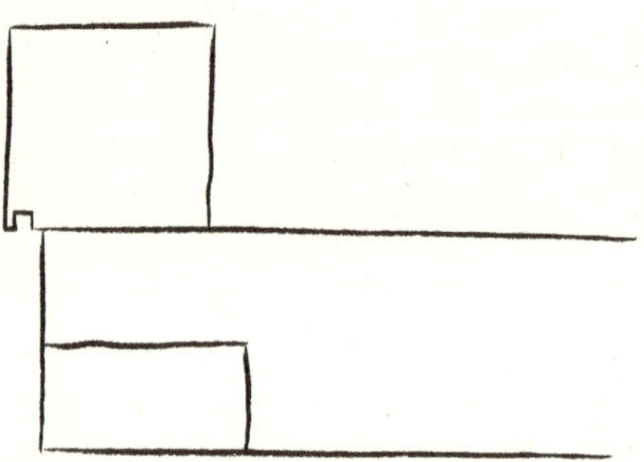

Erste Balkenlage mit Überstand und Tropfkante

Nut mit Leiste, worauf das Fenster mit Rahmenbrett geschraubt wird

Als Eckverbindung bezeichnet man die Kreuzungsstelle von Blockbalken. Sie können je nach Region und Ausführung verschiedene Namen haben, zum Beispiel Knoten oder schwedisch Knut, Kreuzecke, Eckverkämmung, Sattelecke oder Kreuzverbund. Beim Bau meiner einfachen Hütte gab es nur an jeder Ecke eine, da ich keine Zwischenwand einbauen wollte. Auch die Ausführungen dieser Verbindungen sind sehr unterschiedlich, und es würde zu weit führen, sie alle aufzuführen. Die einfachste Verbindung ist die mit sogenannten Haken, und selbst da gibt es wiederum drei Varianten: Oberhaken, Unterhaken und Doppelhaken.

Die stabilste dieser Varianten ist der Doppelhaken, die in der Lausitz beim Bau der meisten Schrotholzhäuser genutzt wurde. Beim Bau meines Hauses habe ich mich für die Enkelkattsknut entschieden, eine spezielle Verbindung aus der schwedischen Hochburg der Blockhausbauer in der Region Dalarna. Nicht etwa, weil ich es besonders gut machen wollte, es war einfach die Verbindung, die in meinem Buch erklärt wurde. Natürlich war sie viel aufwendiger, aber mit der Zeit wurde ich routinierter, da sich die Schritte an jeder Ecke wiederholten. Für die meisten Zwecke, zum Beispiel ein Gartenhäuschen oder eine Sauna, genügen die Doppelhaken.

Die stabilste Variante: der Doppelhaken.

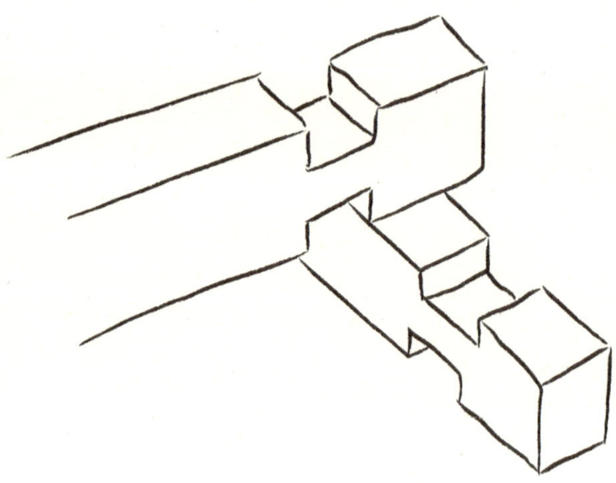

Eckverbindung mit doppeltem Haken

Die anderen, komplizierteren Verbindungen sind aber, wenn sie passgenau angefertigt werden, auf jeden Fall dichter. Natürlich könnte man diesen Zustand auch mit entsprechenden Dichtmaterialien erreichen, denn inzwischen gibt es da eine ganze Menge Möglichkeiten. Ursprünglich nutzte man zwischen den einzelnen Lagen und Eckverbindungen als Dichtmaterial hauptsächlich Moos, vor allem Sphagnum – ein Torfmoos, auch Bleichmoos genannt – ist dafür besonders gut geeignet. Allerdings wird es in der heutigen Zeit kaum noch verwendet, da es vor allem in geschützten Hochmooren vorkommt und sich aus den unteren absterbenden Pflanzenteilen des Torfs bildet. Auch Schafwolle ist als Dämmschicht geeignet, muss aber im Vorfeld auf jeden Fall gegen Schädlinge behandelt werden. Ein sehr gutes, ebenfalls ökologisches Dämmmittel ist Hanf, aber auch Steinwolle wurde schon verwendet. Inzwischen bietet der Fachhandel selbstklebende Dichtstreifen aus Kunststoff an, die nach dem Aufbringen zwischen den Lagen »aufquellen« und sehr gut abdichten.

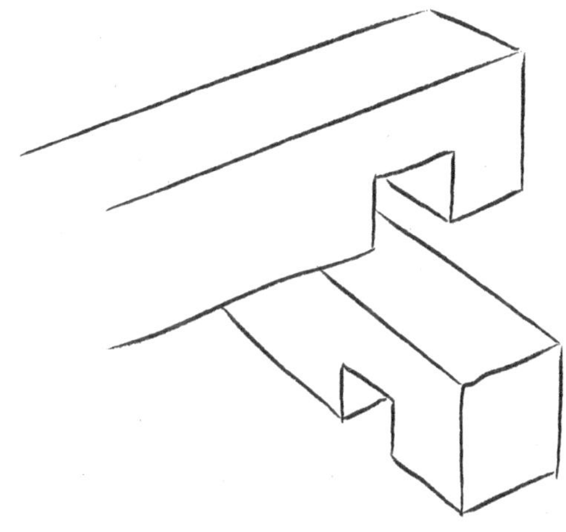

Einfacher Haken

Wenn die erste Lage auf dem Schwellrahmen liegt, kann man – vorausgesetzt, man arbeitet mindestens zu zweit – gut vorankommen. Alle Arbeitsschritte wiederholen sich, und es gibt bis zum oberen Rahmen, die letzte Lage unter dem Dach, nichts, was sich unterscheidet – vorausgesetzt, man baut Türen- und Fensteröffnungen erst im Nachhinein ein. Die neu aufgebrachte Lage wird wieder mit der vorherigen, wenn alles passt, mit Holznägeln verbunden, die jeweils auf beiden Seiten der Eckverbindung und dann auch etwa im Abstand von 1,5 Metern an den Längsseiten und Stirnseiten eingeschlagen werden.

Allerdings sollte man sich vor dem Wandaufbau auch schon überlegt haben, wo später Türen und Fenster eingesetzt und welche Maße sie haben werden, da auch an jeder zukünftigen Öffnung rechts und links Holznägel eingeschlagen werden müssen. Übrigens sollte man die Holznägel nicht Lage für Lage übereinander einschlagen, sondern sie wechselweise um etwa 10 Zentimeter jeweils nach rechts und links versetzen. Auch das ist logisch, da man ja nicht einen Nagel einschlagen kann, wenn sich darunter bereits einer befindet.

Rechtzeitig überlegen, wo Türen und Fenster eingesetzt werden

Eine weitere Möglichkeit, die Blockbalken im Wandaufbau miteinander zu verbinden, ist die Verwendung von Gewindestangen. Bei dieser Variante muss man von Anfang an die Löcher für die Durchführungen sauber übereinandersetzen, damit alles passt. Am besten arbeitet man mit 1 Meter langen Stangen, die man dann mit einem Verbindungsstück verlängert. Die Bohrung geht dann auch durch den Schwellrahmen und wird von unten mit Mutter und Unterlegscheibe verschraubt, dann werden die Balken Lage für Lage von oben wie eingefädelt. Damit die Gewindestange nicht nach unten herausrutscht, kann man sie mit einer Klemme sichern oder etwas darunterklemmen. Wichtig ist auch, den Durchmesser der Bohrungen für die Stange groß genug zu wählen, damit das Verbindungsstück auch gut hindurchpasst.

Nachdem die gewünschte Höhe der Wand erreicht ist, kommt der Abschlussrahmen. Man sollte bei den zwei Abschlussbalken, die sich an den Längsseiten befinden, auf der Oberseite keine Rundung fräsen, damit sich die Dachsparren später besser aufsetzen lassen. Dachsparren sind die schmalen Balken, die auf beiden Seiten schräg den First, die Dachkante, mit dem oberen Ende der Wand, also den Abschlussrahmen, verbinden. Bei der Verwendung von Gewindestangen sollte nun von oben mit einer zweiten Mutter gekontert werden, das

Festziehen oder Nachstellen erfolgt von unten. Meiner Meinung nach ist die Variante mit den Gewindestangen die optimale, da man ständig nachstellen kann und die Balken dicht miteinander verbindet. Das ist sehr von Vorteil, da mit der Zeit Setzungen und im schlimmsten Fall sogar Lücken zwischen den Balken entstehen könnten. Allerdings muss man dann schon sehr grobe Fehler gemacht haben.

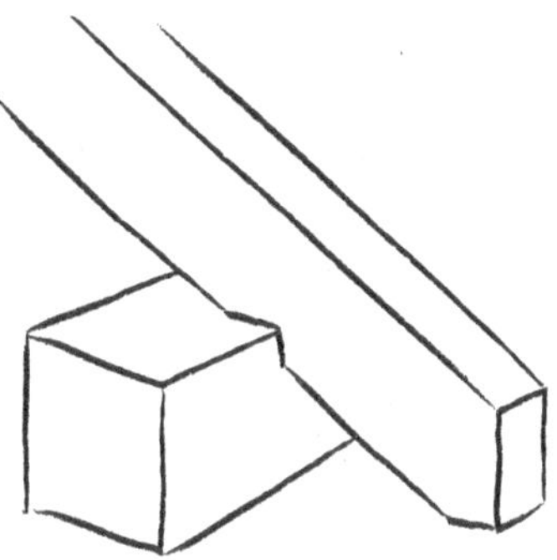

Dachsparren mit Abschlussrahmen

Wenn Balken schrumpfen

Ich möchte kurz etwas zur Setzung sagen: Da das verbaute Holz einen sehr hohen Wasseranteil hat, beginnt es im Trocknungsprozess zu schrumpfen. Allerdings passiert das nur in einer Richtung, sodass ein Stamm quasi mit der Zeit immer dünner wird, sich in der Länge aber nur minimal verkürzt. Ein aufgesägter Balken zum Beispiel schrumpft in der Höhe und in der Breite, aber in der Länge fast nicht. Dieser Prozess dauert nur so lange, bis die Holzfeuchtigkeit ihren von den Umgebungsbedingungen abhängigen Minimalwert erreicht hat. Wenn alle Balken einer Wand schrumpfen, nimmt also mit der Zeit die Höhe der Wand etwas ab, man spricht dann von der Setzung. Das sollte man beim Bau auf jeden Fall bedenken, vor allen wenn man eine sehr niedrige Hütte baut und selbst nicht so klein ist. Auf jeden Fall hat das Auswirkungen auf den Einbau von Türen und Fenstern, denn diese schrumpfen logischerweise nicht mit und es kann zum bösen Erwachen kommen, wenn im schlimmsten Fall neben dem Fenster eine Fuge in der Wand klafft. Die Holzfeuchtigkeit kann man glücklicherweise mit Geräten messen, man kann sie auch errechnen. Darauf möchte ich aber nicht näher eingehen, denn dazu gibt es spezielle Literatur.

Damit Sie in etwa eine Vorstellung davon bekommen, möchte ich ein Beispiel zur Setzung von Kiefernholz geben: Wenn das Holz bei Baubeginn etwa eine Feuchtigkeit von 20 Prozent aufweist, beträgt die Setzung etwa 3 Zentimeter je Meter Wandhöhe. Das ist dann bei etwa 2,5 Meter mit 7,5 Zentimetern schon erheblich und nicht zu übersehen. Hier wird auch deutlich, dass man beim Bau Balken immer paarweise herstellen und aufsetzen sollte, falls vorgesehen ist, irgendwann eine Baupause einzulegen. So verhindert man, dass ein Balken, der vielleicht der Sonne ausgesetzt ist, schneller trocknet und schrumpft als ein anderer, der noch als unbearbeiteter Stamm im Holzlager liegt.

Im Spreecamp mussten wir nach der sechsten Lage ebenfalls eine Baupause einlegen. Die Sommerferien standen vor der Tür, und es mussten die Ferienfreizeiten vorbereitet werden. Es bestand also vorerst keine Möglichkeit, die Baustelle weiter zu betreiben, also reinigten wir die Werkzeuge und deckten die aufgesetzten Balken luftig ab. Vor allem bei Regen sollte man zumindest die Eckverbindungen schützen, denn dort kann sich eindringende Feuchtigkeit besonders gut halten. Wir hatten in dem Jahr einen trockenen und warmen Sommer, was für die Baustelle optimale Bedingungen waren. Spätestens im September sollte es weitergehen, da ich vor dem Winter gern das Dach auf der Hütte haben wollte.

Aber nun war vorerst der Maschinenlärm verstummt und im Camp hatten die Kinder unüberhörbar Einzug gehalten. Nur nachts war es, nachdem die Gitarre am Lagerfeuer verstummt war und alle in ihren Zelten dem neuen Tag entgegenschlummerten, für einige Stunden ruhig. Ich verbrachte oft Nächte im Freien und richtete mir meinen Schlafplatz an der Feuerstelle ein. Es ist ein wunderbares Erlebnis, beim Konzert der Grillen unter einem weiten Sternenhimmel einzuschlafen.

EIN FERIENSOMMER AN DER SPREE

Wenn man eine Nacht unter freiem Himmel verbringt, sollte man sich die Stelle für seinen Schlafplatz gut auswählen. Wichtig ist, dass der Untergrund eben und gesäubert von Stöcken und Steinen ist, sonst hat man einen unruhigen Schlaf. Es hängt auch davon ab, wann man am nächsten Tag aufstehen möchte. Die Langschläfer sollten sich eher einen Platz suchen, der am Morgen im Schatten liegt. Wer gern wie ich früh aufsteht, legt sich am besten so hin, dass man schon morgens von der Sonne beschienen wird. Dann wird es im Schlafsack schnell sehr warm, und ich brauche meist nur kurz, um mich aus meinem Kokon zu befreien und ein erfrischendes Bad in der Spree zu genießen. Ich liebe dieses Ritual, vor allem, wenn ringsum noch alles schläft und ich den Fluss für mich allein habe.

In den Ferienveranstaltungen gab es meist nie zu strenge Regeln, aber ganz ohne geht es in einer Gruppe mit etwa 25 Kindern natürlich auch nicht. Für die Nachtruhe wurde zum Beispiel keine konkrete Zeit festgelegt, jedes Kind konnte selbst entscheiden, wann es Zeit war, schlafen zu gehen. Allerdings wollte ich, dass morgens alle gemeinsam am Frühstückstisch erschienen, vorher wurde die Tafel nicht freigegeben. Natürlich hatten einige »Nachtfalter« ihre Mühe, morgens pünktlich zu sein, und ich musste mir etwas für die schwierigen Fälle einfallen lassen.

Viele der Kinder begannen den Tag wie ich, mit einem Bad in der Spree noch vor dem Frühstück. Als ich eines Morgens die Kinder dabei beaufsichtigt hatte, kam mir die Idee für eine neue Langschläfer-Regel. Als alle am Tisch saßen, kündigte ich sie an. Alle sahen mich mit großen Augen an, als ich verkündete, dass ich mit Langschläfern, die lieber im Schlafsack bleiben, statt pünktlich am Frühstückstisch zu erscheinen, in Zukunft das Schmetterlingsspiel vorführen würde. Auf die drängenden Fragen der Kinder, was das denn sei, lächelte ich bloß. »Ihr werdet es sicher bald sehen«, antwortete ich knapp.

Das Schmetterlingsspiel für Langschläfer

Am nächsten Morgen war es schon so weit, ich konnte meine Ankündigung bereits in die Tat umsetzen. Zwei Jungs aus der Gruppe hatten am Abend zuvor meinen gut gemeinten Rat, doch langsam ins Zelt zugehen, lange ignoriert, und mir war klar, dass sie mit dem Aufstehen ihre Probleme haben würden. Tatsächlich fehlten sie am Frühstückstisch, und ich bat ein Kind aus dem Nachbarzelt, ihnen auszurichten, doch schnell zu kommen, um Ärger zu vermeiden. Einer der beiden kam sofort, der andere ignorierte es weiter. Vielleicht war er neugierig, vielleicht wollte er auch Grenzen austesten oder er glaubte nicht, dass irgendetwas passieren würde. Schmetterlingsspiel – das klang doch eher harmlos.

Nun musste ich zur Tat schreiten, und im Nu hatte ich mir den Jungen, der sich kichernd in seinem Schlafsack festhielt, über die Schulter geworfen. Während ich – umringt von den anderen Kindern – in Richtung Spree lief, erzählte ich, wie aus einem Ei eine Raupe schlüpft, die sich, nachdem sie reichlich gefressen hat und groß genug ist, für die Metamorphose in einen Kokon einspinnt. Am Fluss erklärte ich, dass auch in diesem Schlafsack, der Ähnlichkeiten mit einem Kokon hatte, ein wunderschöner Schmetterling steckte, der sich bald zeigen würde, da der Schlupf unmittelbar bevorstünde. Inzwischen hatte ich den Steg betreten

Im Schlafsack steckte ein wunderschöner Schmetterling.

und begann den Schlafsack, den ich nun am Fußende hielt, auszuschütteln. »Gleich werdet ihr den Schmetterling sehen!«, rief ich, und es dauerte nicht lange, bis sein Inhalt in die etwa 1 Meter tiefe Spree plumpste. Prustend und lachend stand der Junge im Fluss und einige andere sprangen nun sofort hinterher für eine gemeinsame Wasserschlacht. Für alle war es eine lustige Aktion, die trotzdem ihre Wirkung zeigte. Da viele Kinder über Jahre hinweg meine Sommercamps besuchten, waren alle vor dem Schmetterlingsspiel gewarnt, nur manchmal gab es noch eine Ausnahme, aber dann überraschte ich die Kinder, die schon wussten, was passieren würde, und es selbst erleben wollten.

Neulich meinte eine Lehrerin, der ich die Geschichte erzählt hatte, dass solche Aktionen heutzutage kaum noch machbar seien, was an den oft übervorsichtigen Eltern liege, die meinen, ihre Kinder vor allen vermeintlichen Gefahren schützen zu müssen – den sogenannten Helikoptereltern. Ich denke, ich würde es trotzdem wieder tun, die Kinder hatten alle ihren Spaß dabei und haben auch einiges dabei gelernt. Inzwischen ist mir aber klar geworden, dass sich vieles geändert hat in Bezug auf die Durchführung solcher Freizeiten. Das war ein schleichender Prozess, der mir erst gar nicht aufgefallen war. Völlig unbeschwert ging unser Betreuerteam, welches meist aus drei bis vier Freunden und Carolin, meiner ältesten Tochter, bestand und dem zu keinem Zeitpunkt ausgebildete Pädagogen angehörten, die Aufgaben an. Nie gab es Probleme, und wir waren uns natürlich unserer Verantwortung bewusst, schließlich hatten uns Eltern ihre Kinder anvertraut. Natürlich war mir aufgefallen, dass es Misstrauen gab, denn die oft ländliche Bevölkerung, aus der viele unserer Teilnehmer kamen, war sicher auch etwas konservativ und mit Vorurteilen behaftet. Da gab es schon mal skeptische Blicke der Eltern, wenn sie ihre achtjährige Tochter an drei langhaarige, vollbärtige junge Männer übergaben. Schließlich sollte sie nun eine Woche ihrer

Sommerferien mit uns verbringen. Ich konnte deutlich die Erleichterung der Mütter und Väter sehen, wenn plötzlich noch zwei freundliche Betreuerinnen um die Ecke kamen. Wenn die Kinder wieder abgeholt wurden, hatten sie eine aufregende Woche erlebt, Klagen gab es nie, und es gab in den achtzehn Jahren nie einen ernsten Fall von Heimweh oder eine verfrühte Abreise. Okay, es kam vor, dass einige der Kids nicht bis auf den Grund der von Mama sorgenvoll gepackten Reisetasche vordrangen und nur das oberste T-Shirt Verwendung fand. Auch bis zur Abreise versiegelt gebliebene Zahnpastatuben wurden wohl entdeckt. Es ist auch einmal aus der Tasche eines Jungen, dessen Vater zum Glück ein befreundeter Biologe war, eine kleine Erdkröte gekrabbelt. Doch abgesehen davon war alles in Ordnung, und auch diese Kinder standen im nächsten Jahr wieder auf der Teilnehmerliste.

Inhaltlich ging es in den Veranstaltungen immer um die Natur, aber es gab nie ein festgeschriebenes Konzept, die Ideen waren in meinem Kopf, und ich wusste, wann der richtige Zeitpunkt war, um sie umzusetzen. Meine Mitstreiter, die oft über mehrere Jahre an meiner Seite waren, kannten es nicht anders, und so funktionierte alles tadellos.

Junge Leute sollten aus eigenen Erfahrungen lernen.

Einmal allerdings, als ich ein Outdoor-Camp für das Biosphärenreservat Oberlausitzer Heide- und Teichlandschaft durchführte, wurde ich gebeten, eine Betreuerin mit ins Team zu nehmen, die direkt aus dem Studium kam. Wir wollten das Reservat durchwandern, eine Veranstaltung, die ich schon mehrmals erfolgreich angeboten hatte, ich wusste also, wie es läuft – und alle 15 Teilnehmer waren schon einmal dabei gewesen. Bei unserem ersten Treffen fragte mich die Betreuerin nach dem Konzept und den Inhalten, ich zuckte mit den Schultern und sagte ihr, dass es keins gebe. »Der Weg ist das Ziel«, erklärte ich ihr. »Die Inhalte ergeben sich aus dem, was wir unterwegs erleben werden, man kann das nicht planen.« Ungläubig sah sie mich an – im Studium hatte sie es anders gelernt. Da ich die Verantwortung hatte und mich auf meine Erfahrung berief, setzte ich mich durch und alles lief gut. Es ist sehr wichtig, dass junge Leute die Möglichkeit haben, aus eigenen Erfahrungen zu lernen. Durch Improvisation kann man so manche Situation retten. Das folgende Beispiel werde ich deshalb nie vergessen.

Für eine Wanderung waren sechs Tage eingeplant und unser Ziel – das Spreecamp – durften wir nicht früher erreichen, da dort parallel eine andere Veranstaltung stattfand. Aber die Gruppe war einfach zu schnell. In den vorangegangenen Jahren waren alle noch bepackt mit viel unnötigem Ballast, der die Rucksäcke fast bersten ließ. Diese Belastung verlangte häufige Pausen, weshalb wir nur langsam vorankamen. Inzwischen aber hatten alle dazugelernt und das Gepäck auf das Nötigste reduziert. Nach drei Tagen zeichnete sich ab, dass wir bei dem Tempo einen Tag zu früh eintreffen würden. Also mussten wir uns etwas einfallen lassen, und eine Idee wurde schnell gefunden. Damals, im Jahr 2002, hatten noch nicht alle der Kinder ein Smartphone, es gab weder GPS noch digitale Karten. Ich selbst hatte zwar eine Karte mit unserer Route dabei und erklärte den Kindern auch, wie man mit Kompass und Karte navigiert, aber sie verließen sich immer auf meine Orientierung. Also baute ich unbemerkt einen gehörigen Umweg ein, und damit nicht genug, ich trieb es auf die Spitze, indem wir am Abend exakt an dem Rastplatz ankamen, von dem wir am Morgen aufgebrochen waren. Im ersten Moment bemerkte zu meiner Verblüffung niemand etwas, da wir aus einer anderen Richtung eingetroffen waren. Nur einer sagte laut: »Hier war ich schon mal mit meinen Eltern!« Ich musste mich abwenden, damit ich nicht lauthals loslachte, und biss mir auf die Lippen. Einem anderen Betreuer ging es ebenso.

Immer mit Kompass und Karte navigieren

Die Gruppe begann sich für die Nacht einzurichten. Wir hatten keine Zelte, sondern einfache Planen, die man zwischen den Bäumen spannen konnte. Tatsächlich fiel mir auf, dass einige exakt den gleichen Schafplatz belegten, den sie an diesem Morgen verlassen hatten. Plötzlich sagte ein Kind: »Hier liegt genau so ein Stock wie der, an dem ich gestern Abend geschnitzt habe ...« Nach kurzer Pause kam dann endlich die Erkenntnis: »Das ist der gleiche Platz!« Inzwischen war es allen aufgefallen, sie hatten mehrere Merkmale wiedererkannt. Alle begannen damit, mir Vorwürfe zu machen und sich zu beschweren, weil ich sie falsch geführt hatte. Lachend wies ich die Kritik ab. »Ihr seid mir doch wie eine Herde Schafe hinterhergetrottet!«, konterte ich und erklärte, dass sie ohne Weiteres auf der Karte den Fehler hätten bemerken können. Murrend sahen sie es schließlich ein. Sie entschieden, dass so etwas nie wieder passieren sollte und sie ab jetzt nur noch mit Kompass und Karte navigieren wollten. Ich muss zugeben, dass es mir jedes Mal ein wenig Freude bereitete, solche Dinge in meine Camps einzubauen. Auf diese Weise gab es nicht nur etwas, worüber wir lachen konnten, solche Aktionen hatten immer auch einen besonderen Lerneffekt.

Der Sommer gehörte im Spreecamp den Kindern. Vor allem in der Ferienzeit in Sachsen wurde das Camp fast durchgehend von Kindern belegt. Einen großen Teil der Zeit fanden die Veranstaltungen statt, die von mir selbst durchgeführt wurden, wobei einige so erfolgreich waren, dass ich sie über die Jahre hinweg weiterentwickelte. Viele Jahre lang gab es zum Beispiel ein »Fischottercamp«, das gemeinsam mit dem Naturschutztierpark Görlitz und dem Senckenberg Museum in Görlitz durchgeführt wurde. Die Kinder waren zuerst für einige Tage direkt im Tierpark untergebracht, was genial war, da sie auch außerhalb der Öffnungszeiten zu allen Gehegen Zugang hatten und ihnen sogar – im Beisein der Pfleger – der Blick hinter die Kulissen ermöglicht wurde. Das Highlight des Tierparks ist das Fischottergehege, das eine sehr große Fläche einnimmt und den Ottern beste Bedingungen bietet. Man kann die Tiere ständig beobachten und das unter anderem von einer begehbaren und sehr klugen Holzkonstruktion, die das Gehege überspannt.

Wir unternahmen Exkursionen in den Lebensraum der auch in der Lausitz lebenden Fischotter. Wir erkundeten zum einen die Teichlausitz, eine alte Kulturlandschaft, die ihren Ursprung im Mittelalter hat. Hier werden noch immer Karpfen gezüchtet und diese einzigartige Landschaft war dem Otter immer ein zu Hause, denn der Lebensraum entspricht genau seinen Bedürfnissen. Zum anderen waren wir auch in der Spreeaue unterwegs, um nach Spuren und Zeichen des zumeist nachtaktiven Wassermarders Ausschau zu halten. Für einige Zeit hatte er sogar ein Quartier auf dem Gelände und ich konnte Filmaufnahmen mit einer Wildkamera von ihm machen, die ich den Kindern zeigte. Ich hatte das Tier auch schon mehrmals am Tag beobachten können, allerdings nicht, wenn im Camp wildes Kindergetümmel herrschte, der Fischotter bevorzugt doch eher die Ruhe.

Unterwegs in Teichlausitz und Spreeaue

Die Themen unserer Camps waren so vielfältig und das Betreuerteam, dem nicht selten enge Freunde angehörten, hatte immer viel Freude an der Umsetzung. Man bekam die Gelegenheit, selbst noch einmal ein wenig zum Kind zu werden, ohne kritischen Blicken anderer Erwachsener ausgesetzt zu sein. Wir waren auf den Spuren der Lausitzer Sagengestalten und sind dabei dem Wassermann in einem Teich am Rande des Dubringer Moores begegnet, wir haben in kleinen Teams Forschungsaufträge bearbeitet und dabei tolle Beobachtungen gemacht. Wir haben Theaterstücke zu umweltrelevanten Themen verfasst, einstudiert und das ganze Dorf zur Vorstellung auf der Sommerwiese eingeladen. Eine ganze Woche lang haben wir sogar einmal eine kriminelle Bande gejagt, die unsere Campkasse gestohlen hatte, das ganze Camp war plötzlich voll von kleinen Kriminalisten, die an der Lösung des Falls mitarbeiten durften. Dabei war auch der »Kriminalfall« wie so oft eine spontane Idee und lebte von der Improvisation und Kreativität des ganzen Betreuerteams. Natürlich fanden wir am Ende unseren Schuldigen und alles ging gut aus, wie bei all unseren Abenteuern. Das sind nur einige wenige Beispiele aus einer Reihe unserer Sommercamps und noch heute treffe ich hin und wieder Teilnehmer von damals, die inzwischen selbst Eltern sind und sich gern an diese Zeit erinnern.

Schon bald gingen so viele Anfragen ein, dass die Zeit in den Sommerferien eigentlich nicht mehr reichte. Deshalb weiteten wir unsere Angebotspalette aus und organisierten auch in den anderen Jahreszeiten und sogar im Winter Veranstaltungen, eigentlich immer, wenn in Sachsen Ferien waren. Im Winter war es das Wolfscamp, in dem wir mit Biologen und anderen Wolfskennern auf der Spur der wunderbaren Tiere unterwegs waren. Im Frühling ging es meistens um das Fotografieren oder das Filmen in der Natur. Der Herbst aber war traditionell für ein Baucamp reserviert. Die Idee dazu entstand wieder rein zufällig – genauer gesagt bei einem Sommergewitter.

Auf den Spuren des Wolfes

Es war der erste Abend während einer Ferienfreizeit, die Kinder wurden im Laufe des Vormittags von ihren Eltern verabschiedet und nach dem Mittagessen machten wir einen Rundgang für alle mitsamt einer kleinen Einweisung. Für den Abend wurde eine Kennenlernrunde am Lagerfeuer angekündigt, eine Gelegenheit, besser miteinander vertraut zu werden und noch offene Fragen zu besprechen. Leider war das Wetter nicht auf unserer Seite – Regenwolken zogen auf und ein Gewitter drohte, uns den Spaß zu vermiesen. Wir hofften bis kurz vor Beginn der Veranstaltung, aber dann entschloss ich mich doch, das Ganze abzublasen. Aber bei den Kindern stieß mein Entschluss nicht gerade auf Verständnis: »Es regnet doch noch gar nicht!« Dann sagte ein kleiner Junge mit einem traurigen Blick: »Aber du hast es uns doch versprochen.« Ich schaute hoch zum Himmel. Jeden Moment konnte es losgehen. Doch dann hatte ich eine Idee. Umgehend bewaffneten wir uns mit Schaufel und Spaten und hoben in Windeseile im Abstand von einem reichlichen Meter vier Pfostenlöcher aus, die jeweils die Eckpunkte eines Quadrates bildeten. Dann wurden in diese 3,5 Meter lange geschälte Robinienpfosten eingesetzt und wir verdichteten die Erde mithilfe einer Holzlatte rund um die Pfosten. Das sollte man übrigens bei solchen Arbeiten immer tun, damit die Pfosten im Boden schön festsitzen. Besser ist es auch, die Löcher im Durchmesser nicht zu groß auszugraben, je enger, desto besser ist der Halt.

Inzwischen fielen die ersten Regentropfen, aber wir waren schon dabei, die Planen an den gespannten Seilen zu befestigen. Die Seile waren oben an den Pfosten angebunden und am anderen Ende an kurzen angespitzten Pfosten befestigt, welche wir schräg zur Zugrichtung eingeschlagen hatten, wie Heringe bei einem Zelt. Die Seile wurden dann gespannt, indem wir im Abstand von etwa 3 Metern stabile Stöcke mit kleinen Astgabeln darunter stellten. Wir waren alle am Bau beteiligt, so kamen wir gut voran, und während die Seile gespannt wurden, entfachte jemand zwischen den vier mittleren Pfosten schon das Lagerfeuer. Als sich das Gewitter richtig entlud, saßen wir im Trockenen auf Isomatten rings um unsere neue Feuerstelle. Wir hatten in kürzester Zeit gemeinsam einen Wetterschutz gebaut, in dessen Mitte wir ein Feuer machen konnten.

Wir hatten in kürzester Zeit gemeinsam einen Wetterschutz gebaut.

Durch diese Aktion war die Gruppe an diesem ersten Abend schon wunderbar zusammengewachsen, denn nichts verbindet mehr als gemeinsame Arbeit, bei der jeder den Beitrag leistet, den zu leisten er imstande ist. Es entspann sich bereits eine

Diskussion, wie man die Konstruktion verbessern könne. Sogar die Idee, etwas Massives zu bauen – keine temporäre Konstruktion –, begann sich in meiner Vorstellung zu manifestieren. Viele meiner Camp-Teilnehmer, die öfter kamen, begeisterten sich für die Sache und wollten unbedingt beim Bau dabei sein. Also kündigte ich für den nächsten Herbst das erste Baucamp an und von da an wurde es zu einem alljährlich stattfindenden Aktionscamp.

Doch zurück zum Bau meines Blockhauses. Nach den Sommerferien wurden die Tage immer kürzer, der Herbst klopfte an die Tür und für mich wurde es allmählich Zeit, den Rohbau meiner Blockhütte abzuschließen. Zuvor aber sollte es wie in jedem Jahr einen zünftigen Sommerabschluss auf einem Folklorefestival an der polnischen Grenze geben. Die Veranstaltung ist für mich und viele meiner Freunde inzwischen zu einer Tradition geworden. Schon das Veranstaltungsgelände ist immer eine Reise wert, und es ist nicht einfach, dieses Ereignis in nur wenigen Worten zu beschreiben. Man könnte es als einen riesigen grenzüberschreitenden Spielplatz bezeichnen, der durch seine einzigartigen Holzbauten einen ganz besonderen Charme hat. Ein wildes Labyrinth aus Brücken, langen Tunneln, Baumhäusern, Tiergehegen, Baumwipfelpfaden und Veranstaltungsbühnen. Jedes erste Wochenende im September strömen Tausende Besucher aus verschiedenen Ländern Europas und teilweise darüber hinaus auf das Gelände – dann findet das »Folklorum« statt, ein buntes Festival für Menschen jeden Alters, auf dem Künstler aus aller Welt auftreten. Überall stehen kleine Verkaufsstände mit schönen Dingen, die meist liebevoll in Handarbeit und aus Naturmaterialien hergestellt wurden. Dazwischen befinden sich immer wieder auch Stände mit kulinarischen Leckereien, die zum Verweilen einladen, aber auch so manche Bar, eine sogar hoch oben in der Krone einer Eiche. Zwischen den Menschen,

»Drei Tage anders sein« beim Folklorefestival

die sich selbst als bunte Masse durch das Labyrinth verteilen, finden Straßentheater und Märchenspiele statt, in die Passanten einbezogen werden. So wird man Teil der Veranstaltung, während man versucht zu einer der etwa zwanzig Bühnen vorzudringen, auf denen Musiker verschiedenster Stilrichtungen die Menschenmengen zum Tanzen animieren. »Drei Tage anders sein« lautet das Motto der Veranstalter, und wenn man sich darauf einlässt, kann man das auch. Es sind Menschen aus den verschiedensten gesellschaftlichen Schichten und Berufsgruppen, die friedlich zusammen feiern. Aber es treffen sich alljährlich auch immer wieder Holzkünstler, Zimmerer und andere Handwerker, die mit Holz arbeiten, aus allen Teilen des Landes. In diesem Jahr konnte ich auf diese Weise Kontakt zu einer Gruppe von Handwerkern aufnehmen, die sich auf der Walz befanden, und ihnen von meinem Blockhausprojekt erzählen. Die Handwerker waren neugierig geworden und wir verabredeten uns auf ihrer Baustelle, die nicht allzu weit entfernt von meinem Dorf lag. Ich war sehr optimistisch: Wenn ich die Handwerker überzeugen konnte, mir zu helfen, würde ich bald mit meinem Haus fertig sein.

Also begann ich nach dem Festival alles vorzubereiten, damit es auf der Baustelle an nichts fehlte. Vor allem mussten Balken aufgesägt werden, denn mir war klar, dass die Handwerker schon bald alle Griffe beherrschen würden und der Bau sollte nicht wegen fehlender Balken zum Stehen kommen. Es war zugegeben nach der längeren Pause ein komisches Gefühl, wieder zu beginnen. Aber ich war voller Vorfreude und Schaffenskraft, denn mein Ziel war es, schon den nächsten Winter in der Blockhütte zu verbringen.

WAS KRABAT, FLEISSIGE HANDWERKER UND ALTE TRADITIONEN GEMEINSAM HABEN

Der September war inzwischen angebrochen und ich fühlte mich bereit, die Arbeit an meiner Blockhütte wieder in Angriff zu nehmen. Wie mit den vier Handwerkern verabredet, die ich auf dem Festival kennengelernt hatte, fuhr ich zu unserem Treffen auf ihre derzeitige Baustelle, um zu besprechen, wann und zu welchen Bedingungen es mit dem Blockhausbau weitergehen konnte.

Als ich aus dem Auto stieg, war ich überwältigt. Was ich sah, übertraf all meine Erwartungen. Von der Baustelle konnte man derzeit regelmäßig in der Regionalpresse lesen, denn was hier realisiert wurde, war ein ganz besonderes Projekt. Etwas außerhalb des Dorfes Schwarzkollm wurde ein alter Hof mit einer Wassermühle aufgebaut. Es wurden aber nicht vorhandene Objekte restauriert, es wurde alles neu erdacht und baulich umgesetzt. Später sollte die Mühle für touristische Zwecke genutzt werden – ein wichtiger Beitrag für die Region der Lausitzer Bergbaufolgelandschaft. Auch wenn die einzelnen Gebäude keine konkreten Vorbilder hatten, stand an diesem Ort vor langer Zeit eine Wassermühle, die es zu überregionaler Berühmtheit gebracht hatte. Es war

Die Mühle des schwarzen Müllers aus dem Koselbruch

die Mühle des schwarzen Müllers aus dem Koselbruch, erzählt in einer Sage, die sicher vielen bekannt sein wird.

Der sorbische Zauberer Krabat wurde vor allem durch die gleichnamige Geschichte von Ottfried Preußler deutschlandweit bekannt. Die erste moderne Fassung stammte allerdings von Měrćin Nowak-Njechorński, einem sorbischen Künstler, und auch Preußler hatte sich durch ihn inspirieren lassen. In der Lausitz kannte man Krabat aber schon sehr viel länger. Der Ursprung der Sage geht wohl sehr weit zurück. Vielleicht gab es bei den Vorfahren der Sorben einen besonders weisen Mann vom Typ eines slawischen Schamanen, der sich durch seine Taten in den Geschichten der Menschen unsterblich gemacht hat. Diese Geschichten wurden über Jahrhunderte vermutlich immer wieder der aktuellen Zeit angepasst und auch lebenden Personen angedichtet. Es ist belegt, dass es einem gewissen Reiterobrist Johannes Schadowitz so ergangen war. Der Mann war Kroate und diente in der sächsischen kurfürstlichen Garde-Kavallerie, wo er sich große Verdienste erwarb und schließlich 1690 vom sächsischen Kurfürsten Johann Georg III. zum Brigadechef der gesamten Einheit ernannt wurde. Für seine Verdienste bekam er später neben einer Pension den Gutshof Särchen (später Groß Särchen), wo er bis zu seinem Tod lebte. Er wurde von der sorbischen Bevölkerung sehr geschätzt, denn unter seiner Herrschaft erlebte der Ort eine Blütezeit. Er wurde aufgrund seines Wissens, seines ungewöhnlichen Auftretens, seiner merkwürdigen Aussprache, die vom Sorbischen kam, aber auch aufgrund seiner außergewöhnlichen Körpergröße von der einfachen Landbevölkerung als Zauberer angesehen. Die Sorben gaben ihm schließlich den Namen Krabat, was eine ältere Form für Kroate ist. Im Jahre 1704 starb er im Alter von 80 Jahren. Noch heute hängt über der Eingangstür einer ehemaligen Gastwirtschaft ein Relief mit der Darstellung eines weißen Schwans. Auf dem Sterbebett soll er der Sage nach gesagt haben, dass sein guter

Geist als weißer Schwan durch den Schornstein in den Himmel aufsteigen würde.

In meiner Kindheit war Krabat für mich immer eine geheimnisumwobene Gestalt, Groß Särchen, das Heimatdorf des historischen Krabat Johannes Schadowitz, war ja auch meine Heimat. Hier bin ich aufgewachsen und als Kind wollte ich mit meinen Freunden den Koraktor – das berühmte Zauberbuch des Krabat – finden. Krabat soll vor seinem Tod einem Diener befohlen haben, es im Großteich von Groß-Särchen zu versenken. Es wurde nie gefunden und der Großteich wurde später von einer der ersten Braunkohletagebaue zerstört, heutzutage befindet sich an dieser Stelle der Knappensee.

Doch zurück zu meinem Bauprojekt. Es dauerte eine ganze Weile, ehe ich die Handwerker auf der Baustelle fand, denn es herrschte ein wahres Gewimmel. Überall wurde gearbeitet, und ich hatte nie zuvor so viele Zimmerleute auf einer Stelle gleichzeitig gesehen. Alle trugen die für sie typische Kleidung, eine schwarze Cordhose mit dem auffälligen Schlag und dem Doppelreißverschluss am Hosenlatz. Die meisten trugen auch die Weste mit der doppelten Knopfreihe und das weiße Hemd sowie den markanten Hut. Die schwarze Farbe der Hose und Weste weist auf einen Holzberuf hin. Zusammen ergibt das die Kluft – so wird die traditionelle Tracht der Handwerksgesellen auch genannt. Sie ist eine praktische Arbeitsbekleidung, dient aber auch als Erkennungszeichen einzelner Zünfte. Von meinen vier Bekannten trugen nur drei die schwarze Kluft, einer war in Blau gekleidet, was auf einen Metallberuf schließen ließ. Alle vier waren auf der Walz oder Tippelei, wie sie selbst die Wanderjahre auch nannten, eine alte Tradition, die es schon seit dem Spätmittelalter gibt. Nach dem Abschluss der Lehrzeit sollte sie dazu dienen, praktische Kenntnisse zu erlangen und Lebenserfahrung zu sammeln. Früher waren die Wanderjahre sogar Voraussetzung

Die Kluft – traditionelle Tracht der Handwerksgesellen

für die Zulassung zur Meisterprüfung. Für mein Bauprojekt schienen mir solche Gesellen genau die richtige Wahl zu sein, da sie offen waren für spezielle Aufträge, bei denen sie auch etwas lernen konnten. Außerdem versprach ich mir von ihrer Anwesenheit auch viele spannende Geschichten am Lagerfeuer nach Feierabend. Ich möchte auch nicht verschweigen, dass der finanzielle Aspekt damals eine Rolle spielte, denn mein Geldpolster war nicht gerade üppig. Ursprünglich war es der Brauch, dass Wandergesellen für Kost und Logis arbeiteten, aber das ist in der heutigen Zeit verständlicherweise nicht mehr üblich, ein Taschengeld muss schon ausgehandelt werden.

Leider hatten die vier noch zwei Wochen in Schwarzkollm zu tun, was mich in meiner Planung wieder ein ganzes Stück zurückwarf. Wir besiegelten unseren Vertrag – wie üblich mit einem Handschlag – und tatsächlich standen sie wie vereinbart 14 Tage später bei mir auf der Matte. Zum Glück hatte ich die Zeit inzwischen genutzt und einige Balken vorgearbeitet, denn von nun an sollte es sehr flott vorangehen. Jeder der vier übernahm nun eine Eckverbindung und nur die erste Lage dauerte etwas länger, da sie sich ja noch einarbeiten mussten. Wie ich erfuhr, hatte keiner von ihnen zuvor eine solche Arbeit gemacht, und die Eckverbindungen waren auch für sie Neuland. Allerdings ließ sich schon auf den ersten Blick erkennen, dass sie es perfekt verstanden mit ihren Werkzeugen umzugehen. Selbstverständlich hatte ich nichts anderes erwartet, schließlich waren sie Profis in Sachen Holzbearbeitung. Selbst der Schmied – der Mann in Blau – hatte durch die Baustelle in Schwarzkollm genügend praktische Erfahrung und konnte gut mit den anderen mithalten.

Schon nach dem zweiten Tag war die Geschwindigkeit, mit der die Wände in die Höhe wuchsen, einzig dadurch begrenzt, dass ich nicht schnell genug Balken liefern konnte. Die Zimmerleute sorgten dafür, dass mir am Sägewerk nicht langweilig wurde, und ich kam bei meiner Arbeit wirklich ins Schwitzen. Jede Pause war willkommen, aber wenn die vier pausierten, bedeutete das nicht automatisch, dass auch ich eine Pause hatte. Ich hing ständig hinterher. Dass Ganze zog sich etwa zehn Tage hin und ich war immer heilfroh, wenn ich am Abend das Sägewerk abstellen konnte. Auch das Wetter meinte es gut mit uns und wir hatten tagsüber fast Temperaturen wie im Hochsommer. Sobald ich meinen Arbeitsplatz aufgeräumt hatte, sprang ich in die Spree, um mich abzukühlen. Danach gab es ein wohlverdientes Feierabendbier. Während ich mein erstes Bier genoss, hatten meine Kollegen schon ihr drittes intus und tranken so, wie sie arbeiteten. Nie zuvor hatte ich so etwas erlebt und es dauerte nicht lange, bis ich durch die Handwerker erstmals auf meine »trockene Baustelle« aufmerksam gemacht wurde, damit wollten sie mir zu verstehen geben, dass sie befürchteten, das Bier könnte knapp werden. Schon nach wenigen Tagen hatte ich ernsthafte Bedenken, ob ich unseren Vertrag, der ja auch Kost und Logis beinhaltete, finanziell bis zum Ende durchstehen würde. Es war, als müssten sie die verbrauchte Energie sprichwörtlich mit Bier nachtanken. Und auch wenn sie während der Arbeitszeit keinen Alkohol tranken, bot der Abend am Lagerfeuer genügend Gelegenheit, das vermeintlich Versäumte wieder nachzuholen. Trotzdem waren sie am darauffolgenden Morgen wieder fit und gingen pünktlich an die Arbeit. Es ist mir bis heute ein Rätsel, wie sie das durchstehen konnten, aber am Ende war alles wie vereinbart geschafft. Die Wände waren perfekt bis zum Abschlussrahmen gesetzt, und auch der Dachfirst war aufgesetzt, nur die Dachsparren mussten noch gelegt werden, aber auch die waren von den Zimmerleuten schon vorgefertigt worden, und es war nun ein Kinderspiel, den einfachen Dachstuhl fertigzustellen. Noch ein letztes Gelage musste ich überstehen, und dann konnte auch ich für einige Tage durchatmen.

Die Handwerker tranken so, wie sie arbeiteten.

In dieser sehr intensiven Zeit habe ich einiges gelernt – sowohl handwerklich als auch über das Gesellenleben und die Walz. Zwei Tage bevor wir uns voneinander verabschiedeten, bekamen wir sogar noch Besuch von zwei Gesellinnen. Zuvor hatte ich nicht gedacht, dass auch Frauen zünftig unterwegs sind, und ich war von der Zimmerfrau und der Steinmetzin – beide unschwer an ihrer grauen Kluft erkennbar – schwer beeindruckt.

Als wir an diesem Abend zusammensaßen, erfuhr ich einiges über die Wanderschaft und auch darüber, was alles dazugehört. Angefangen von der Ausrüstung bis hin zu einigen, für mich etwas merkwürdigen Ritualen, war das Ganze sehr spannend und aufschlussreich. Eine Wanderschaft dauert in der Regel drei Jahre und einen Tag, wer sich auf Tippeltour begibt, muss unverheiratet, kinderlos und unter 30 Jahre alt sein. Während dieser Zeit gilt ein Bannkreis von 50 Kilometern um den Heimatort herum, den man zu keiner Zeit betreten darf, ausgenommen sind Todesfälle in der unmittelbaren Verwandtschaft. Man darf sich nur zu Fuß oder per Anhalter fortbewegen, öffentliche Verkehrsmittel sollten gemieden werden. Das Gepäck wird in einem bedruckten Tuch, einem sogenannten Charlottenburger, und für gewöhnlich an Riemen über der linken Schulter getragen. Was darin verstaut ist, stellt den gesamten Besitz während der Walz dar, Werkzeug, Unterwäsche und Schlafsack. Außer der Kluft und dem Charlottenburger gehört für einen zünftig Reisenden auch ein Ohrring zur Ausstattung, dieser diente früher als Notgroschen für finanzielle Engpässe oder im Todesfall als Bezahlung für den Bestatter. Der Ohrring wird übrigens bei einem rituellen Saufgelage mit einem Zimmermannsnagel eingeschlagen. Der Stenz komplettiert das äußere Erscheinungsbild. Es handelt sich dabei um einen knotig verdrehten oder wendelförmig ge-

Wer sich auf Tippeltour begibt, muss unverheiratet, kinderlos und unter 30 Jahre alt sein.

wachsenen Wanderstab. Das Wichtigste aber ist das Wanderbuch, es ist unersetzlich und für die Reisenden der wertvollste Besitz. Darin wird die ganze Reise dokumentiert, wobei die Gesellen selbst in den meisten Fällen keine eigenen Eintragungen vornehmen. Häufig wird beim Bürgermeister eines Ortes »zünftig um das Siegel vorgesprochen« oder ein Bauherr wird um eine Eintragung gebeten. Am letzten Abend wurden auch mir die Bücher vorgelegt mit der Bitte, etwas einzutragen, und schon am nächsten Morgen zogen die Gesellen weiter. Ich werde sie nie vergessen, auch wenn ich heute nicht mehr weiß, wo sie herkamen, und auch ihre Nahmen sind mir nicht mehr geläufig. Aber vielleicht soll es auch so sein, ihre Spuren haben sie sicher an vielen Orten ihrer Wanderschaft hinterlassen, so wie auch hier auf meinem Platz an der Spree, dafür werde ich ihnen immer dankbar sein.

WAS ENTSTEHEN KANN, WENN MAN OHNE PLAN BAUT

Obwohl es inzwischen schon Oktober war, hielt sich das gute Wetter noch immer, aber es war auch klar, dass es nicht ewig so bleiben würde. Also musste ich noch vor dem Herbstbaucamp das Dach aufbauen und meine Blockhütte wetterfest machen. Diese Arbeiten ließen sich ohne größere Schwierigkeiten zu zweit erledigen. Mein Freund Stephan hatte sich bereiterklärt, die Sparren mit mir zu setzen und später die Bretter, die sogenannte Schalung, mit aufzunageln.

Ich musste meine Blockhütte wetterfest machen.

Die Dachsparren bilden nun die Dachneigung. Wir haben sie im Abstand von etwa 60 Zentimetern gesetzt. Die Sparren waren in ihren Maßen so dimensioniert, dass die Abstände auch größer ausfallen konnten, aber da ich das Dach später begrünen wollte und dadurch eine hohe Dachlast zu erwarten war, ging ich besser auf Nummer sicher. Die oberen Abschlussbalken an den Längsseiten, auch der höchste Punkt der Dachkonstruktion, der Firstbalken, überragten die Länge des Hauses an jeder Giebelseite um etwa 70 Zentimeter, sodass ein ausreichender Dachüberstand entstehen konnte. An den Seiten ragten die Dachsparren ebenfalls etwa 70 Zentimeter über die Wand hinaus, dies war unbedingt notwendig, um das Haus zu schützen, bietet aber auch die Möglichkeit, später an der Wand Brennholz zu lagern oder eine Bank wettergeschützt aufzustellen.

Nachdem alle Dachsparren aufgelegt und mit langen Zimmermannsnägeln im First und auf dem Rahmen befestigt waren, betrachteten wir stolz das Bauwerk. Jetzt, da das Dach eine Form angenommen hatte, konnte ich zum ersten Mal die Kontur der Blockhütte erkennen. Davor sah es eher wie eine überdimensionale Holzkiste aus, die ein Riese zufällig abgestellt hatte.

Dieser Moment war für mich auch bei späteren Bauten immer wieder der spannendste: Wenn das Bauwerk zum Haus wurde. Sobald man die Proportionen sehen konnte, erkannte man auch die eigentliche Wirkung auf das Umfeld. Meine Hütte jedenfalls fügte sich gut in die Landschaft ein und hinterließ nicht den Eindruck eines Fremdkörpers, der völlig fehl am Platz ist. In mir machte sich ein wohliges Glücksgefühl breit: Nun würde es nicht mehr lange dauern, bis das Haus fertiggestellt war, der schwierigste Teil war geschafft.

Der spannende Moment, wenn das Bauwerk zum Haus wird

Die nächsten zwei Tage verbrachten wir damit, Bretter auf die Sparren zu nageln, die dann mit einer dicken Teichfolie als Schutz gegen Feuchtigkeit abgedeckt wurden. Im Anschluss würde ich das Dach mit abgestochenen Grassoden begrünen. Erst später wurde mir klar, dass Teichfolie – zumindest so, wie ich sie verwendet hatte – nicht das optimale Material für den Schutz meines Daches war. Doch vorerst war die Hütte wunderbar geschützt. Die nächsten Stritte würden der Einbau von Fenstern und einer Tür sein, auch ein Schornstein musste errichtet werden. Aber vorerst gab es wieder eine Baupause, denn das Herbstcamp stand nun unmittelbar bevor.

Wir hatten uns in diesem Jahr vorgenommen, die Überdachung des Lagerfeuerplatzes zu optimieren und die provisorische Lösung mit den Planen durch ein stabiles Dach zu ersetzen. Für das Herbstcamp hatten sich zwölf Kinder angemeldet, eine überschaubare Gruppengröße, was sehr gut war, weil es immer wichtig ist, die Aufgaben gut zu verteilen, damit sich keiner benachteiligt fühlt. Da es bei jedem Projekt attraktivere und weniger schöne Arbeiten gibt, sollte man unbedingt darauf achten, dass alle sich möglichst an jeder Tätigkeit mal versucht haben. Im optimalen Fall pegelt sich das nach kurzer Zeit so ein, dass alle von allein ihren Platz finden. Einfach nur Aufgaben an bestimmte Kinder zu verteilen kann sehr kontraproduktiv sein, denn schließlich soll es ja auch allen Spaß machen.

Die Kinder im Camp hatten bei der Arbeit wirklich Spaß, es gab sogar Situationen, da ließen sie sich nicht so ohne Weiteres auf eine Pause oder auf Feierabend ein. An einem Abend spitzte es sich sogar zu, als die Küchenbesatzung, der auch ich an diesem Tag angehörte, die anderen zum Essen rief – aber keiner kam. Inzwischen war es dunkel geworden, und ich hörte zwar das Hämmern auf dem Dach, konnte mir aber nicht vorstellen, wie sie da arbeiteten. Also bat ich die noch emsig hantierenden Holzarbeiter selbst zu Tisch. »Nur noch zwei Bretter!«, war die als Bitte formulierte Antwort. Ich war von dieser Einsatzbereitschaft, deren Triebkraft eine enorme Begeisterung zugrunde lag, wirklich beeindruckt. Auf dem flachen Dach hockten vier Jungs, die in zwei Teams arbeiteten, wobei einer jeweils eine Taschenlampe hielt und der andere Junge mit dem Hammer die Nägel in die Bretter schlug. Dieses Bild brachte mich wirklich zum Schmunzeln, es war einfach herrlich zu sehen, mit welcher Aufopferung sie ihre Arbeit verrichteten, obwohl die Bedingungen eher ungünstig waren. Die Idee, mit den Taschenlampen zu arbeiten, war zu verrückt, zumal die eine Lampe nur noch schwach leuchtete und der zuständige »Beleuchter« sie nur wenige Zentimeter neben den jeweils einzuschlagenden Nagel in Position brachte.

»Nur noch zwei Bretter!«

Wenn ich heute über diese Einsatzbereitschaft und Arbeitsmoral der Camp-Kinder nachdenke, kommen mir die ewigen

Baustellen des Flughafens Berlin Brandenburg oder der Hamburger Elbphilharmonie in den Sinn. Vielleicht hätte man die entscheidenden Positionen einfach mit Kindern besetzen sollen. Für unser gemischtes Team war es kein Problem, in der Ferienwoche das gesetzte Ziel zu erreichen. Die Überdachung konnte sich sehen lassen und war nun sehr stabil. Wir hatten sogar die ursprünglichen mittleren Pfosten stehen gelassen und sie in etwa 2,5 Meter Höhe mit Querträgern verbunden, sodass von oben gesehen ein Quadrat gebildet wurde. In einem Abstand von 3,5 Metern – von der Mitte aus gemessen – haben wir dann im Sand einen Kreis gezogen. In gleichmäßigen Abständen setzten wir darauf zwölf Robinienpfosten ein. Im nächsten Schritt legten wir dann die Dachsparren auf, das waren geschälte Rundhölzer aus Lärchenholz. An den äußeren Pfosten wurden sie paarweise mit Gewindestangen in 2 Metern Höhe verschraubt, innen wurden sie auf den Querträgern einfach aufgelegt. Nach außen bildeten die Sparren einen Überstand von einem Meter. Nun kam die eigentliche Fleißarbeit, denn auf die gesamte Dachfläche mussten Bretter aufgelegt und befestigt werden. Aber mit so emsigen Bauarbeitern war das kein Problem. Denn während die einen die benötigten Maße nahmen, sägten andere die Bretter passend zu und das nächste Team befestigte sie schließlich auf den Sparren.

Am Ende der Woche stand unsere Überdachung, die wir zum Schutz mit alten Gummimatten, welche aus Teilen von Förderbändern aus dem Braunkohletagebau hergestellt wurden, abgedeckt hatten. Das ganze Dach wurde anschließend begrünt, damit es sich optisch besser in das Camp einfügte. Am letzten Abend fand eine kleine Einweihungsparty am Lagerfeuer statt, bei der es sich die Teilnehmer nicht nehmen ließen, im Freien unter der neu erbauten Überdachung zu übernachten. Leider regnete es in der Nacht nicht, was wir uns natürlich gewünscht hatten.

Die wohl größte Herausforderung, die wir je in einem Baucamp hatten, war eine kleine Hütte, die wir in einer Ständerbauweise innerhalb nur einer Woche ausführen wollten. In dieser Bauweise wird aus senkrecht stehenden Balken eine Art Skelett aufgebaut, in welches dann später waagrechte Balken eingelegt werden. Natürlich hatte ich mir schon im Vorfeld Gedanken dazu gemacht, dennoch wollte ich die Kinder in die Planung einbeziehen. Sie sollten den ganzen Prozess von der Planung bis zur Fertigstellung miterleben und sich in allen Phasen einbringen. Wir durften keine Zeit verlieren, und so gab es nach der Anreise ein erstes Treffen, in dem das Projekt vorgestellt wurde. Die Teilnehmer waren eine überschaubare Gruppe von nur sieben bis etwa zwölf Jahre alten Jungen, die besonderes Interesse bekundet hatten und schon oft im Spreecamp zu Gast waren. Alle waren auch am Bau der Überdachung der Feuerstelle dabei gewesen und somit alte Hasen – also genau die Richtigen für diese Aufgabe. Wir einigten uns in unserer Besprechung auf die Größe der Hütte und noch am Abend wurden alle für die speziellen Arbeiten aufgeteilt und erste Vorbereitungen für den nächsten Tag getroffen. Ein Team würde zunächst am Sägewerk helfen, da das benötigte Material erst zugesägt werden musste. Das zweite Team bereitete unterdessen die Baustelle vor und setzte die Pfosten, auf denen das Haus aufgebaut werden sollte. Außerdem wurden alle Balken und Bretter nach dem Sägen direkt an die Baustelle transportiert, so konnten wir schon am nächsten Tag mit der Grundkonstruktion beginnen, während noch die letzten Balken aufgesägt wurden. Die einzelnen Verbindungen der gesamten Konstruktion wurden manuell mit einfachen Werkzeugen passgenau hergestellt. Im Anschluss wurden dann die einzelnen Elemente so zusammengesetzt, dass die ganze Konstruktion ohne Schrauben oder Nägel sicher verbunden werden konnte, ähn-

Eine besondere Herausforderung: Bau einer Hütte mit Kindern

lich wie bei einem Fachwerkbau. Bei dieser Bauweise werden in die stehenden Balken Nuten eingearbeitet, die als Führung für die eigentlichen Wandelemente dienen. Da diese in unserem Fall aber nur aus dickeren Brettern bestanden und nicht wie üblich aus Balken, entschieden wir uns, als Führung für die Wandelemente nur Leisten auf die stehenden Balken aufzuschrauben. Das war ein großer Vorteil, denn das Ausarbeiten einer Längsnut mit Stechbeitel und Holzhammer ist nicht nur sehr zeitaufwendig, sondern auch sehr kräftezehrend.

Am sechsten Tag waren wir dann gegen Mittag so weit, dass nur noch das Dach fehlte. Dieses war aber für die kleine Hütte schnell bis zum Abend fertig und wir konnten noch den Gummi der Förderbänder auflegen. Nach unserem Abschlussabend, wie immer am Lagerfeuer mit Gitarre und Singen, wollten die sieben Jungs unbedingt in der Hütte übernachten. Auch wenn sie darin wie die Ölsardinen in der Fischbüchse lagen, waren sie überglücklich und irre stolz auf das Projekt.

Als dann am nächsten Tag die Eltern erschienen, um ihre Kinder wieder einzusammeln, präsentierten die kleinen Baumeister ihr Werk mit geschwollener Brust und wurden von den Erwachsenen mit anerkennenden Kommentaren bedacht. Tatsächlich war auch ich erstaunt darüber, dass wir dieses Projekt in so kurzer Zeit stemmen konnten. Grund war der eiserne Wille, gepaart mit Optimismus und Tatendrang.

In meiner Kindheit haben wir nach der Schule, an den Wochenenden und auch in den Ferien viel Zeit damit verbracht, Buden zu bauen, wie wir es damals nannten. Bepackt mit alten Brettern, Nägeln und Werkzeugen machten wir uns auf zum Damm, einem künstlich aufgeschütteten schmalen Erdwall, nur 150 Meter von meinem Elternhaus entfernt. Wir konnten unseren Drang nach Kreativität und unser handwerkliches Geschick erproben, wenn wir unsere Buden zusammenzimmerten. Aus

Aus dem spärlichen Material entstanden die einfachsten Hütten.

dem spärlichen Material, das wir aus den dürftigen Beständen unserer Eltern heimlich abzweigten oder das uns die Natur zur Verfügung stellte, entstanden die einfachsten Hütten. Nie waren diese Hütten perfekt und selten waren sie komplett, was am Materialmangel lag. Aber das, was fehlte, fantasierten wir einfach dazu. Diese Bauten waren für uns die Möglichkeit, uns im Umgang mit Material und Werkzeugen zu schulen und dabei eigene Erfahrungen zu machen. Eine Möglichkeit, die heute leider nicht mehr jedes Kind hat, und das gilt nicht nur für die Stadtkinder. Umso wertvoller waren unsere Baucamps, und darum gab es auch stets eine gute Nachfrage. Über die Jahre entstanden so im Camp einige Bauten, die gar nicht geplant waren, und die häufig auch ständig optimiert wurden. So ist zum Beispiel aus der überdachten Lagerfeuerstätte eine massive Jurte mit dicken Wänden aus Strohballen und Lehm entstanden. Ein einfaches Satteldach, das frei auf Pfosten stand, wurde mit der Zeit sogar zu einer großen Aufenthaltshütte mit festen Wänden und Steinfußboden. Ein weiteres Highlight ist eine überdachte Plattform, die über einen Steg erreichbar ist und sich in etwa 3,5 Metern Höhe über der Spree befindet. Von dieser Stelle aus wurden schon Fischotter und Biber gesichtet, sie lädt aber auch dazu ein, den Abend entspannt bei einem Glas Wein ausklingen zu lassen.

Viele Bauten standen von vornherein nur für eine begrenzte zeitliche Nutzung im Camp und wurden danach wieder abgerissen. Aber die Feuerhütte, die sich über die Jahre aus einer einfachen Planen-Konstruktion zum Schutz gegen Regen entwickelt hat, ist der beste Beweis dafür, dass sich Holzbauten ständig und ohne großen Aufwand erweitern und optimieren lassen. Diese Tatsache sollte mir später bei der Vergrößerung meiner Blockhütte erst richtig bewusst werden.

EINE TÜR, EIN FENSTER, EIN SCHORNSTEIN – UND EINE GEISTERTAUBE

Kaum waren die Kinder abgereist, ging es auf meiner Baustelle weiter. Die Temperaturen waren binnen weniger Tage deutlich gesunken, und es konnte nicht lange dauern, bis der Winter wieder Einzug halten würde. Noch war freilich nicht abzusehen, ob er in diesem Jahr mild werden würde oder ob die Temperaturen weit unter null sinken würden – alles war möglich. Die alten Bauernregeln funktionieren schon lange nicht mehr, das Klima spielt verrückt, das ist nicht zu übersehen. Ich hatte gehofft, noch vor dem Winter in die Hütte einziehen zu können, aber diese Hoffnung hatte ich schon längst begraben. Noch waren weder Fenster noch Tür eingesetzt und der Schornstein fehlte auch noch, damit ich überhaupt einen Ofen einbauen konnte. In wenigen Tagen war der Oktober vorbei und ich musste mich ranhalten.

Die alten Bauernregeln funktionieren schon lange nicht mehr.

Als Erstes sägte ich die Öffnung für die Tür an der vorgezeichneten Stelle ein, damit ich ohne Probleme in die Hütte konnte. Bisher war das nur von unten möglich, denn der Fußboden war ja auch noch nicht eingebaut, die Hütte stand auf ihren steinernen Auflagen ein ganzes Stück über der Erde. Nun, da die Türöffnung fertig war, erleichterte das die weiteren Arbeiten gewaltig. Da bald auch mit Frost zu rechnen war, entschloss ich mich, den Schornstein zu mauern. Dazu errichtete ich ein ausreichend starkes Fundament, denn das würde schließlich ein nicht unbedeutendes Gewicht tragen. Zum ersten Mal in meinem Leben bewaffnete ich mich mit Maurerkelle und Mörtelkiste und begann, Stein für Stein die hart gebrannten Klinkersteine übereinanderzusetzen. Der Mörtel war eine Fertigmischung, da konnte ich nicht viel falsch machen, dafür musste ich umso mehr Sorgfalt beim Aufbau nach oben walten lassen, denn mein Bauwerk durfte keinesfalls schief werden. Dabei ging es weniger darum, dass es optisch stören würde, das hätte ich noch verkraften können, vielmehr musste der Schornstein genau durch die Sparren passen. Wenn man bei dieser Länge anfangs unten auch nur minimal abweicht, kann es schnell passieren, dass man oben 10 Zentimeter aus dem Lot kommt, was eine Katastrophe wäre und den Bau erheblich komplizieren würde. Der ganze Schornstein hatte etwa eine Höhe von 5 Metern, denn er musste ja deutlich bis über den Dachfirst reichen, damit der Zug stimmte und es keine Probleme mit dem Rauchabzug geben würde. Um also schön passend durch die Sparren zu kommen, musste ein Lot eingesetzt werden. Da ich kein professionelles Lot zur Hand hatte, band ich an eine dünne Schnur eine größere Mutter, die ich dann von oben durch die ausgesägte Dachöffnung herunterließ. Die Schnur wurde oben befestigt und nun hatte ich für meinen Schornstein eine Waagerechte, an der ich mich orientieren konnte. Ich kam recht gut voran, auch wenn natürlich nicht in einem Zug durchgearbeitet werden konnte, da der Mörtel abbinden musste. Wenn man zu schnell arbeitet, kann tatsächlich alles in sich zusammenbrechen. Darum arbeitete ich mich Stück für Stück voran und nutzte die Zeit zwischendurch für weitere Vorbereitungen.

Heute würde ich generell davon abraten, einen Schornstein in das Haus einzubauen, da er zum einen viel Platz beansprucht und man zum anderen den Durchbruch durch das Dach abdichten muss. Darauf werde ich nicht näher eingehen, nur so viel: Meine Abdichtung hielt nur einige Jahre und musste aufwendig erneuert werden. Es gibt zwar auch vorgefertigte Teile, aber ein Außenschornstein ist da die deutlich bessere Alternative, auch wenn sie kostenintensiver ist.

Nachdem ich den Schornstein fertig hatte, begann ich zunächst mit dem Aufbau des Fußbodens, der zudem isoliert werden musste. Als Unterbau bieten sich OSB-Platten an, die etwas stärker sein sollten, um alles sicher zu tragen. Diese Grobspanplatten bilden, wenn sie stärker sind, einen zusätzlichen Schutz vor Kälte, die von unten in das Haus eindringen kann. Die Platten sollten sauber verlegt werden, damit alles dicht ist. Dann werden darauf in etwa 50-Zentimeter-Abständen wieder Kanthölzer in einer Höhe von mindestens 10 bis 15 Zentimetern aufgelegt, zwischen die dann später das Dämmmaterial eingefüllt wird. Hierfür sind viele verschiedene Materialien geeignet, die unterschiedliche Dämmstärke haben und je nach Anspruch und Geldbeutel gewählt werden können. Meiner Meinung nach sollten Sie nur das Beste verwenden und lieber an anderer Stelle sparen. Als Dämmstoff für den Boden habe ich mich für Perlite entschieden, das ist ein vulkanisches Gestein, das aus Obsidian gewonnen wird und sehr gute Dämmeigenschaften hat. Man kann es in Säcken erwerben und es wird als Schüttung verwendet, da es aus kleinen, etwa erbsengroßen Kugeln besteht. Bevor ich die einzelnen Fächer damit bis zum Rand gefüllt hatte, legte ich alles mit speziellen Gewebebahnen aus. Unbedingt sollten Sie daran denken, Kabel oder andere Leitungen einzubauen, die später nicht sichtbar sein sollen. Die ganze Fläche habe ich zusätzlich noch mit einer dünnen Schicht aus Baufilz abgedeckt, erst dann wurde der eigentliche Fußboden aufgebracht, der bei mir aus Holzdielen besteht.

Woran beim Bau des Fußbodens zu denken ist

Als Nächstes kümmerte ich mich um den Einbau der Fenster. Wie beim Einbau der Tür muss unbedingt die Setzung der Wände beachtet werden, sowohl Fenster als auch Türen dürfen nie fest mit den Wänden verbunden sein. Das klingt sehr kompliziert, ist aber ohne großen Aufwand realisierbar. Zunächst werden entsprechende Öffnungen in die Wand gesägt, die in der Höhe etwa 10 Zentimeter länger als der Fensterkasten sind, in der Breite aber nur etwa 1 bis 2 Zentimeter breiter als dieser, sodass sich der Fensterkasten bequem in die Öffnung hineinstellen lässt. Danach wird rechts und links in die Stirnseiten der Balken über die gesamte Höhe der Öffnung eine Nut eingearbeitet. Diese sollte etwa 4 bis 5 Zentimeter breit sein und eine Tiefe von ebenfalls 4 bis 5 Zentimetern haben. Die Nut muss sauber senkrecht in der Wand mit dem Stechbeitel ausgearbeitet werden, sodass nach der Fertigstellung eine entsprechende Leiste darin eingelegt werden kann, die der Höhe des Fensterkastens entspricht. Nun wird der Fensterkasten wieder in die Öffnung gestellt und von innen mit den Leisten auf beiden Seiten verschraubt. Der Fensterkasten ist nun so gelagert, dass die Balken rechts und links schrumpfen können, ohne durch das Fenster beeinträchtigt zu werden. Es ist eine gleitende Verbindung, durch die das Fenster zwar fixiert ist, sich aber trotzdem frei innerhalb der Wand befindet. Als Nächstes müssen von außen noch rechts und links schmale Bretter an den Fensterkasten angeschraubt werden, die die Fuge zwischen Wand und Fensterkasten verdecken. Auch an der oberen Kante des Fensterkastens wird ein entsprechend breites Brett befestigt, um die Öffnung für die Setzung zu verblenden. Danach werden von innen alle Fugen und Hohlräume mit geeignetem Material abgedichtet, ich habe dafür Hanf verwendet. Die breite Setzungsöffnung über dem Rahmen sollte man aber nicht zu fest ausstopfen, schließlich wird sie mit der Zeit immer kleiner. Nach dem Abdichten werden

Einbau der Fenster – nicht ohne Tücken

nun auch von der Innenseite der Hütte Bretter aufgeschraubt, um alle Fugen unsichtbar zu machen – und fertig ist der Fenstereinbau. Zugegeben, es dauert seine Zeit, vor allem das Ausarbeiten der Nuten mit dem Stechbeitel ist sehr aufwendig und kräftezehrend, erst recht, wenn sich »Äste« in den Stellen befinden. Nach und nach bekommt man aber Routine, und ich möchte daran erinnern, dass es natürlich wichtig ist, mit einem geschärften Stechbeitel zu arbeiten, das erspart eine Menge Schweiß und Flüche.

In meiner Hütte setzte ich auf diese Weise vier Fenster ein und wandte mich dann der Eingangstür zu, die ich logischerweise nach derselben Methode einbaute. Lediglich der Setzungsspalt über dem Türkasten ist der Höhe entsprechend etwas breiter. Generell ist die Größe des Spaltes immer in Abhängigkeit der Höhe der verbauten Fenster und Türen zu bemessen, da gibt es keine Standardmaße.

Inzwischen war die Hütte von außen betrachtet fertiggestellt. Vor allem die Fenster, die wie Augen aussahen, rundeten das Bild endgültig ab. Erst durch sie wird ein Haus für mich zum Haus, schließlich dienen die Fenster nicht nur dazu, Licht hineinzulassen, sondern ermöglichen auch den Blick hinaus, sie haben also auch die Funktion von Augen.

Von außen fertig!

So war ich den Winter über beschäftigt, und nachdem die Weihnachtsfeiertage vorübergegangen waren, klopfte schon das neue Jahr an die Tür. Der Januar war sich in diesem Jahr wieder seiner eigentlichen Bestimmung bewusst geworden, das Land war mit einer weißen Decke überzogen, nicht nur nachts gingen die Temperaturen deutlich unter null, auch am Tag schwang der Winter sein eisiges Zepter.

Inzwischen hatte ich auch einen Kaminofen eingebaut, der meine Erwartungen völlig erfüllte, und die Hütte war gemütlich warm, zumal ich inzwischen auch die Dämmung aus dicken Hanfmatten zwischen den Dachsparren eingesetzt hatte.

Nun mussten nur noch die Holzpaneele an den Dachschrägen von innen aufgeschraubt werden, damit ich die Baustelle aufräumen und endlich einziehen konnte. Ich war gerade dabei, die Pakete mit den Paneelen in das Haus zu tragen, als ich von der Futterstelle, die sich gleich neben der Blockhütte befand, den Warnruf einiger Meisen vernahm. Sofort ging mein Blick hoch, um nach einem Sperber Ausschau zu halten, der regelmäßig Beute machte, doch diesmal ging es nicht um ihn. Sofort entdeckte ich Roma, meine Taube, die in rasantem Flug versuchte, sich vor einem Habicht in Sicherheit zu bringen. Geschickt nutzte sie das Gelände, das sie inzwischen gut kannte, und manövrierte im hohen Tempo zwischen Bäumen, Bauwagen und Blockhütte hindurch. Schließlich gelangte sie dabei in meine Nähe, und da ich auf dem freien Platz für den Angreifer gut erkennbar war, drehte dieser, als er mich erblickte, unverrichteter Dinge wieder ab. Wieder einmal war sie mit dem Leben davongekommen, anders als ihre fünf Gefährten, die nach und nach seit dem Sommer die Beute des schnellen Jägers wurden. Sie war die geschickteste Fliegerin der kleinen Taubengruppe und bisher immer im Vorteil. Jedes Mal fieberte ich mit, wenn es wieder einen Angriff gab, aber für mich war auch klar, dass ich keinesfalls eingreifen würde, sollte der Habicht Erfolg haben.

Einmal war es eine sehr knappe Sache. Ich befand mich gerade auf dem Weg in meinen Geräteschuppen, den ich inzwischen am Sägewerk errichtet hatte, und als ich unmittelbar vor dem einzigen Fenster stand und einige Sägeketten zum Schärfen vorbereiten wollte, splitterte neben mir das dünne Glas des alten Fensters und Roma fiel vor meine Füße. Fast zeitgleich gab es einen Schlag gegen das Holz der Außenwand, ich zuckte vor Schreck zusammen, doch im selben Moment war mir klar, was geschehen war. Sofort ging ich hinaus, wo der Habicht unmittelbar neben der Bretter-

Roma auf der Flucht vor dem Habicht

wand saß. Er wirkte etwas benommen vom Aufprall, hatte aber anscheinend keine größeren Verletzungen, denn im nächsten Moment schüttelte sich der Greifvogel und flog wieder davon, bevor ich ihn näher begutachten konnte. Also wandte ich mich wieder der Taube zu und hob sie behutsam vom Boden auf. Roma hatte es ärger erwischt, denn ich bemerkte sofort eine blutende Wunde an ihrer Körperseite. Anscheinend hatte sie sich beim Aufprall auf das Glas eine Schnittwunde zugezogen. Schon öfter hatte ich festgestellt, dass Vögel mit solchen Verletzungen oft ganz gut klarkommen und die Wunden schon nach einigen Tagen wieder verheilt sind. Was Roma nun aber dringend brauchte, war unbedingte Ruhe, und ich setzte sie vorerst in einen größeren Käfig, den ich mit einem dunklen Tuch abdeckte und an eine ruhige Stelle in den Schuppen stellte.

So behandelte ich auch andere Vögel mit einem Anflugtrauma. Immer wieder kommt es vor, dass vor allem Singvögel gegen spiegelnde Fenster fliegen und dann benommen auf dem Boden liegen, manchmal erliegen sie auch den tödlichen Verletzungen. Wenn nicht, schweben sie dennoch in großer Gefahr, da sie nicht in der Lage sind, sich zu bewegen und zu flüchten. Schnell werden sie so zur Beute von Katzen oder Hunden, sogar Haushühner können zur Gefahr werden. Für solche Patienten habe ich immer einen kleinen, mit etwas Küchenpapier ausgelegten Pappkarton bereitstehen, den ich seitlich mit einigen Luftlöchern versehen habe. In der dunklen Kiste, die störungsfrei an einem gut temperierten Ort deponiert wird, können sie sich erholen. Die Vögel benötigen für diese Zeit meist nur zwei, drei Stunden, manchmal aber auch eine Nacht, aber kein Futter oder Wasser. Ob sie wieder fit sind, lässt sich leicht überprüfen, wenn man im Freien vorsichtig den Deckel öffnet. Fliegt der Vogel mit natürlichen Flugbewegungen davon, ist das Drama überstanden. Bleibt er aber mit aufgeplustertem Gefieder in der Kiste liegen oder bewegt sich unnatürlich und landet gleich wieder auf dem Boden, sollte man sich mit ihm schnell zu einem Tierarzt oder in eine Pflegestelle begeben. Roma blieb fürs Erste in ihrem Käfig und schon am nächsten Tag schien es ihr deutlich besser zu gehen, sie pickte sofort einige Körner aus meiner Hand und trank auch aus der Wasserschale. Schon bald hatte sie sich wieder erholt und die Wunde war vollkommen verheilt, sodass ich sie wieder in die Freiheit entlassen konnte. Trotzdem blieb sie mir auch nach diesem Ereignis treu, sie hatte offensichtlich ihre neue Heimat gefunden. Immer wenn sie mich sah, flog sie mir entgegen und ließ sich von mir aus der Hand füttern. Ich fragte mich, ob sie bei der Habichtsattacke bewusst durch die Scheibe geflogen war, um bei mir Schutz zu suchen, denn sie hatte mich gesehen, als ich in den Schuppen ging. Ich werde es nie herausfinden. Sicher liegt diesem Gedanken der immer wieder aufkeimende Wunsch zugrunde, Tierverhalten zu vermenschlichen. Ich gebe gerne zu, dass ich mich ab und zu dabei ertappe, auch wenn ich es eigentlich besser wissen müsste. Jedoch steht auch fest, dass die Natur viele Überraschungen für uns bereithält und unser heutiger Wissensstand bei Weitem nicht endgültig ist und schon morgen überholt sein kann.

Endlich war es nun so weit, die Holzverkleidung an der Decke war angebracht und alle Arbeiten in der Hütte waren abgeschlossen. An einem Februarabend – nach insgesamt über einem Jahr Arbeit, wenn man die Planung und Vorbereitung miteinbezieht – habe ich das Werkzeug aus der Blockhütte gebracht. Als ich die letzten Späne zusammengekehrt hatte und alles aufgeräumt war, entfachte ich ein Feuer im Kaminofen. Es war ein feierlicher Moment und ich kann das Glücksgefühl kaum beschreiben, das mich in diesem Moment durchströmte. Ich stand mitten in der Hütte und schaute mich um. Stolz blickte ich auf die Wände aus dicht übereinanderliegenden Balken und verlor mich gedanklich in

Nun war es geschafft, ich hatte ein Blockhaus gebaut!

Der Eingang zum Spreecamp

Mein Bauwagen im Winter mit Polly und Pucki

Ferienzeit im Spreecamp

Ricardo und ich beim Holzeinschlag im Winter

Kiefern fällen im Wald am Dorf. Foto S. Kaasche

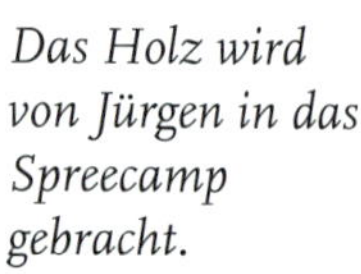

Das Holz wird von Jürgen in das Spreecamp gebracht.

Mirko und mein Vater beim Herstellen des Fundaments

Die Grundkonstruktion ist fertig, nun erfolgt der Wandaufbau.
Foto S. Kaasche

Steffen am Sägewerk beim Aufsägen des Balkens

Richtfest mit den Handwerksgesellen

Austen passt eine Eckverbindung an.

Die Dachschalung wird aufgenagelt.

Der Durchbruch für die Tür wird ausgesägt.
Foto S. Kaasche

Pause für fleißige Helfer (Caro, Stephan, Maja, Jürgen und Mirko)

Jule kocht draußen auf dem Feuer (Mila, Jule und Rado).

Kochen im Leder mit heißen Steinen

»Küchenhexe« mit Wasserkessel

Im Gespräch mit Paul, der immer gute Ratschläge hat

Jeremy Red Deer, Moses Little Bear und Jim Standing Bear

Kräuterseminar mit Wolf Dieter Storl

Mila, Putin und Hühner

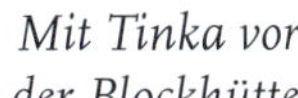

Mit Tinka vor der Blockhütte

Vater mit Roma

Blockhütte im Winter

Herbst im Spreecamp

Mein Blockhaus am Fluss

der Maserung des Kiefernholzes. Der Raum war von Kieferngduft erfüllt und meine Gedanken gingen zurück zu dem Tag, an dem alles begann. Ich durchlebte in meiner Fantasie noch einmal den ganzen Bauablauf: Die stehenden Kiefern im Winterwald, die ersten Tage am Sägewerk, die Freunde und Helfer, die mir zu Seite gestanden und geholfen hatten, diesen Traum wahr werden zu lassen. Nun war es geschafft, ich hatte ein Blockhaus gebaut!

Später holte ich meinen Schlafsack. Ich hatte beschlossen, schon diese Nacht gemeinsam mit meiner Labradorhündin Finnja in der Blockhütte zu verbringen, obwohl ich sie noch nicht eingerichtet hatte. Eingehüllt in meinem Schlafsack saß ich noch lange mit einem Whiskyglas auf dem Holzboden und stierte in das Feuer, das auf den Balken der Wände die imaginären Geister tanzen ließ.

Am nächsten Morgen war es schon hell, als ich auf dem harten Boden erwachte – oder besser durch einen feuchten Kuss von Finnja geweckt wurde. Sie musste raus. Ich stieg in meine Sachen und begab mich vor die Hütte. Aus dem Augenwinkel sah ich meinen Nachbarn, der direkt auf mich zusteuerte und etwas in den Händen hielt. In diesem Moment überkam mich eine Ahnung. »Diesmal hat sie es nicht geschafft«, sagte er und übergab mir die tote Taube. Er hatte noch versucht, den Habicht zu vertreiben, aber es war schon zu spät. Fassungslos starrte ich auf Roma und bedankte mich bei ihm, als ich sie entgegennahm. Noch vor dem Frühstück begrub ich sie direkt unter der Blockhütte. Sie war an dem Tag aufgetaucht, als ich mit dem Bau begonnen hatte, und gestorben, nachdem ich die erste Nacht im Blockhaus geschlafen hatte. War das nun Zufall? Wer weiß das schon, ich werde nichts hineininterpretieren. Für mich war Roma wie ein guter Geist, der das ganze Baugeschehen begleitete, einfach etwas ganz Besonderes.

Für mich war Roma wie ein guter Geist.

WARUM SPÄTZLE MICH SELBST ZUM »KOCHEN« BRACHTEN

In meiner eigenen Blockhütte hatte ich keine Kochstelle vorgesehen, der Kaminofen war ebenfalls nicht zum Kochen geeignet. Den Trinkwasseranschluss hatten wir zu einem Baucontainer im Camp gelegt, deshalb lag es nahe, darin eine kleine Küche und ein Bad einzubauen. Also stellte ich eine Wanne auf und brachte einen Warmwasserspeicher an, der Küche und Bad versorgte.

Die Küche selbst richtete ich sehr sparsam ein, das einzige technische Gerät war ein Kühlschrank. Außerdem gab es in dem winzigen Raum noch einen Küchenschrank, einen Spülschrank und einen Küchentisch mit einem Stuhl und einer kleinen Sitzbank. Beheizt wurde der Raum durch einen kleinen Kanonenofen, auf dem eine kleine Platte mit einem Durchmesser von knapp 20 Zentimetern lag. Diese Platte war auch die einzige Möglichkeit zum Kochen, und es grenzte für mich immer an ein Wunder, dass meine Freundin trotzdem die leckersten Gerichte zubereiten konnte. Da es immer nur möglich war, einen Topf oder eine Pfanne auf dem Ofen zu deponieren, war es eine echte Herausforderung zu kochen, vor allem dann, wenn das Gericht aus mehreren Komponenten bestand. Da ich selbst nie ein Meister der Küche war, genügte der Kanonenofen meinen Ansprüchen völlig, denn meine persönlichen kulinarischen Kreationen gin-

Einrichtung auf kleinstem Raum

gen nicht über Pasta oder Eier mit Speck hinaus. Meine Freundin war damals auch immer nur am Wochenende bei mir, deshalb genügte die kleine Küche unseren Ansprüchen vorerst völlig. Erst später, als auch sie ins Spreecamp zog und ich eine neue, etwas größere Blockhütte errichtete, war klar, dass sowohl eine Küche als auch ein Bad integriert werden mussten. Allerdings sind bei einer Grundfläche von 35 Quadratmetern die Möglichkeiten begrenzt. In unserem Bad ist deshalb neben einer Dusche gerade noch Platz für eine Waschmaschine, ein Waschbecken und eine Trockentoilette. Im Bad haben wir bewusst auf eine Spültoilette verzichtet, denn der sinnlose Trinkwasserverbrauch ist für uns nicht akzeptabel. Das Trockenklo im Bad ist auch nur für den Notfall gedacht, da wir im Außenbereich eine Komposttoilette eingerichtet haben. Die Küche ist nicht vom übrigen Raum abgetrennt und im Gegensatz zur ursprünglichen Variante im Container sehr gut ausgestattet. Wichtigster Bestandteil ist ein Küchenofen, der mit Holz befeuert wird und im Volksmund früher auch als »Küchenhexe« bezeichnet wurde. Außerdem gibt es einen Kühlschrank mit kleinem Gefrieraufsatz, zwei elektrische Kochplatten und eine dazugehörige Backröhre, falls es mal schnell gehen muss, und für den Abwasch ein Spülbecken. Der alte Küchenschrank aus dem Container wurde mit umgezogen und einen Esstisch habe ich passgenau aus einer dicken Pappelplatte gefertigt, sodass drei Personen bequem daran sitzen können. Schon aus Platzgründen verbieten sich Geschirrspülmaschine, Kaffeemaschine oder zusätzliche technische Gerätschaften, die außerdem einen hohen Energieverbrauch haben und darum für uns gar nicht erst infrage kommen. Im Sommer wird das Kochen im Blockhaus zu einem Problem, denn durch den Ofen heizt sich ebenfalls der Raum auf. Da wir aber die Kochplatten nur selten nutzen wollen, bleibt uns lediglich die Alternative ins Freie auszuweichen. Hier sind die Möglichkeiten wiederum vielfältig, aber wenn man zugleich auch wettergeschützt sein möchte, ist eine Außenküche sicher die beste Wahl. Es genügt, schon den Kochplatz zu überdachen und gegebenenfalls an der Hauptwetterseite noch einen Windschutz anzubringen. Ein alter Küchenofen mit einem Ofenrohr, das zwei Meter lang ist, sollte für die Küche völlig ausreichend sein, aber auch andere Feuerstellen sind geeignet. Selbst eine Feuerschale, über die man zwei entsprechend lange Stücke Winkeleisen legt, genügt, um einen Topf mit Kartoffeln zu erhitzen. Effektiver ist natürlich ein Rocket Stove – ein Raketenofen –, den man selbst mit dünnen trockenen Zweigen schnell auf eine hohe Temperatur bringen kann. Einen solchen Ofen kann man kaufen oder mit geringem Aufwand aus verschiedenen Materialien selbst herstellen. Der Raketenofen besteht im Wesentlichen aus einem L-förmigen Feuerraum, darin wird auf der kurzen Seite und auf halber Höhe ein Rost eingesetzt. Das Brennmaterial wird auf dem Rost eingelegt, sodass von unten ausreichend Frischluft zugeführt werden kann. Wenn der Ofen gut isoliert ist, kann eine hohe Temperatur erreicht und eine vollständige Verbrennung von Feinstaub und Kohlenmonoxid gewährleistet werden. Im Spreecamp befindet sich eine Variante aus alten Steinen gemauert, die von einer Besucherin des Camps errichtet wurde. Dieser Raketenherd wird inzwischen von allen Gästen mit Begeisterung genutzt, auch wenn sie mich anfangs immer zweifelnd anschauen, wenn ich ihnen das Prinzip erkläre. Natürlich haben wir bei den verschiedensten Veranstaltungen auch andere Möglichkeiten der Speisezubereitung getestet, die allerdings schon etwas außergewöhnlich sind und kaum noch Anwendung finden.

Ein Beispiel aus der experimentellen Archäologie hat sich mir besonders ins Gedächtnis gebrannt, und nachdem ich es selbst erleben durfte, wurde das zu einem Programmpunkt bei einem unserer Outdoorcamps. Mit dieser steinzeitlichen Methode, über die ich in Beschreibungen der Lebensweise unserer Vorfahren oft gelesen hatte, kochte man eine Art Eintopf in einem Leder. Für mich jedenfalls war das immer schwer vorstellbar, deshalb war ich glücklich, als ein Experimentalarchäologe, den ich ins Camp eingeladen hatte, unter anderem auch diese Methode vorstellte. Besonders stolz war ich aber, als es mir gelang, dasselbe in einer Veranstaltung mit Jugendlichen wiederholt umzusetzen. Dazu benötigt man außer einem größeren Stück pflanzlich gegerbtem Bioleder lediglich noch einige etwa faustgroße Feldsteine. Neben einer Feuerstelle wird zunächst eine kleine Grube mit einem Durchmesser von etwa 40 Zentimetern und einer Tiefe von 40 Zentimetern ausgehoben. Das Leder wird nun sorgfältig eingelegt und bis etwa 10 Zentimeter unter den Rand mit Trinkwasser aufgefüllt. Die extra Feuerstelle wird mit Holz bestückt, doch zuvor werden noch die Steine hineingegeben, sodass sie sich in der Glut erhitzen können. Wir schnitten mit Feuersteinabschlägen das Gemüse und zerkleinerten mit einem Mörser Steinsalz. Außerdem sammelten wir diverse Wildkräuter für den besonderen Geschmack, die wir ebenfalls vorbereiteten. Es ist vorstellbar, dass ursprünglich statt Leder Felle von frisch erlegten Tieren verwendet wurden, an denen sich noch Reste von Fett und Fleisch befanden, die die Suppe aufwerteten. Bei uns gab es stattdessen zum Abrunden einen Löffel Schmalz. Nun wurde alles in das Wasser gegeben, die Steine hatten die entsprechende Temperatur und begannen zu glühen. Nun musste der erste Stein in die Suppe befördert werden und dafür hatte ich die Schaufel eines Dammhirsches und die Abwurfstange eines Rothirsches gereinigt und bereitgelegt. Es erforderte etwas Geschick, mit der Abwurfstange den heißen Stein vorsichtig aus der Glut auf die Geweihschaufel zu schieben, ohne Asche und Glut mitzunehmen. Dann ließ ich den Stein langsam in die Suppe gleiten, die nach wenigen Augenblicken schon sehr warm wurde. Jetzt ging es Schlag auf Schlag, nachdem wir den Stein wieder aus der Suppe herausgeholt hat-

Wie man Steinzeitsuppe in Leder kocht.

ten, der inzwischen an Wärme verloren hatte, legten wir der nächsten hinein, und schon begann das Wasser zu kochen. Die ganze Prozedur dauerte nicht mal eine halbe Stunde, dann war die Steinzeitsuppe fertig. Standesgemäß wurde die Suppe am Lagerfeuer aus Holzschüsseln gegessen, die von den Jugendlichen selbst hergestellt wurden, und erntete von allen große Anerkennung.

Bei einer anderen Gelegenheit wurde eine Rehkeule in einem Grubenfeuer gegart. Dazu hebt man eine flache Grube aus, auf deren Boden wieder faustgroße Feldsteine ausgebreitet werden. Nun wird darauf trockenes Holz aufgeschichtet und ein Feuer entfacht. Bis das Feuer heruntergebrannt ist, salzt man die Keule und gibt etwas Pfeffer dazu, man kann sie auch mit Rosmarin und wildem Thymian würzen. Das Fleisch wird nun in Weißkrautblätter eingewickelt und anschließend in einer Schicht aus Lehm verpackt, damit man das Paket in die Glut legen kann. Die inzwischen heißen Steine werden seitlich herangezogen, etwas Glut wird auf dem Lehmpaket verteilt, danach wird alles mit dem Erdaushub abgedeckt. Nun muss man nur noch abwarten, damit die Keule in Ruhe garen kann. In unserem Fall warteten wir neun Stunden, aber das Resultat war köstlich.

Deutlich aufwendiger sind Fladenbrote, wenn man – wie wir – das Mehl selbst herstellen möchte. Wir verwendeten dafür keine herkömmliche Mühle: Die Körner legten wir auf einen flachen Stein, der eine kleine Mulde hatte, um die Körner darin mit einem runden, glatten Feldstein zu zermahlen. Das ist eine schweißtreibende Angelegenheit und bedarf einer großen Portion Ausdauer und auch einen nicht zu unterschätzenden Kraftaufwand. Die Resultate fielen in der Gruppe auch sehr unterschiedlich aus, einige konnten am Ende nur grobes Schrot vorweisen, andere hingegen bestes Mehl, das zum Backen ge-

Aufwendig, aber lecker: selbstgemachte Fladenbrote

eignet war. Der Teig, den die Teilnehmer kneteten, wurde je nach Geschmack veredelt, einige mischten sogar Blaubeeren darunter und gaben etwas Zucker dazu, andere bevorzugten Kräuter und Salz. Dann werden flache Fladen geformt, die man auf die heißen Feldsteine rings um die Feuerstelle deponiert. Man muss darauf achten, dass sie schön gleichmäßig backen, und das gelingt nur, wenn die Brote entsprechend gedreht und gewendet werden. Der Teig kann natürlich auch als Stockbrot verarbeitet werden, hierzu formt man nach dem Kneten lediglich eine lange Walze und wickelt diese um einen Stock, den man dann über dem Feuer gleichmäßig dreht.

Mein erstes Feriencamp, das ich im Biosphärenreservat leitete, sollte mir nicht zuletzt durch ein besonderes Küchenabenteuer im Gedächtnis bleiben. Damals war es üblich, dass wir selbst kochten und für jeden Tag eine Küchencrew zusammenstellten, die jeweils aus zwei Betreuern und einigen Kindern bestand. Die Aufgaben für das Team bestanden darin, das Essen vorzubereiten, zu kochen und danach die Küche wieder in einen ordentlichen Zustand zu versetzen, was nicht selten der aufwendigere Teil war. Da wir tagsüber meist unterwegs und beschäftigt waren, wurde stets für das Abendessen gekocht und wir begannen mit den Vorbereitungen je nach Aufwand eine bis zwei Stunden vorher. An dem bewussten Tag hatte mein damaliger Betreuer Jörg Küchendienst, der zuvor länger in Schwaben gewesen war, und er schlug vor, Käsespätzle vorzubereiten. Ich war völlig ahnungslos, denn bis dahin hatte ich noch nie Spätzle gegessen, geschweige denn sie selbst zubereitet. Er aber erklärte, dass es kein Problem sei, denn er hätte dafür auch einen Hobel. Als ich ihn fragend ansah, lächelte er geheimnisvoll und meinte, ich solle mich doch überraschen lassen. Da noch eine Einkaufstour bevorstand, wollte er den Spätzlehobel von zu Hause holen, was zwar eine gewisse Zeit in Anspruch nehmen würde, aber da ich neugierig geworden war, war ich einverstanden. Der Zufall wollte es, dass an jenem

Tag einige Leute aus der Reservatsverwaltung bei uns im Camp vorbeischauten und sich darunter auch ein Beamter aus Baden-Württemberg befand. Zufällig hatte er aufgeschnappt, was wir am Abend kochen wollten, und so entspann sich plötzlich zwischen ihm und Jörg eine rege Diskussion. Es ging darum, ob man einen Hobel dabei benutzte oder sie besser in Handarbeit schabte. Da für mich das alles nicht nachvollziehbar war, verstand ich nicht, warum sich die zwei so darüber ereiferten. Der Beamte jedenfalls bestand darauf, dass es unsinnig sei, extra den Hobel zu holen, das würde unnötige Fahrtkosten verursachen – es ginge doch auch ohne. Schließlich gab mein Betreuer nach, er zog sich aus der Sache heraus, da der Beamte sich bereit erklärt hatte, die Spätzle händisch herzustellen. Ich hatte keine Bedenken und ging davon aus, einen schwäbischen Profi für das Abendessen gewonnen zu haben. Ich beschwichtigte meinen Betreuer, der sich sogar überreden ließ, trotzdem in der Küche zu helfen.

Am späten Nachmittag begann das Team also mit der Arbeit und alle waren gespannt auf das im Vorfeld heiß diskutierte Gericht. Wir anderen brachen in der Zwischenzeit noch einmal zu einer kleinen Wanderung auf und als wir gegen 19 Uhr zurückkamen, begab ich mich sofort in die Küche, um unsere Schar hungriger Kinder anzukündigen. Sofort bemerkte ich, dass nicht die beste Stimmung herrschte, das Essen schien nämlich noch nicht fertig zu sein und ich beorderte Jörg mit einer unauffälligen Kopfbewegung nach draußen, um mir seinen Lagebericht anzuhören. »Das schafft der niemals!«, sagte er wütend. Ich beschwichtigte ihn und bat ihn, dem »Chefkoch« noch eine Chance zu geben. Schulterzuckend wand er sich ab und ging in die Küche zurück. Den Kindern versuchte ich inzwischen zu erklären, dass sich das Essen noch ein wenig verzögern würde und sie noch im Freien spie-

In meiner Verzweiflung hatte ich mir einige Kartons mit Schokoküssen gegriffen.

len konnten. Zwar gab es einige, die leicht murrten, aber beim Spielen war das schnell vergessen. Im völligen Vertrauen rechnete ich in der nächsten halben Stunde mit einem positiven Signal aus der Küche. Als das nach einer Stunde noch immer nicht kam, wurde ich langsam unruhig und wollte mich selbst vergewissern. Alle arbeiteten verbissen und nichts deutete darauf hin, dass bald ein Ende abzusehen war. Freundlich fragte ich den Beamten, wie lange es noch dauern würde, der aber zuckte nur mit den Schultern und brummelte fast unverständlich vor sich hin, dass er noch nie für 35 Leute gekocht habe. Mir wurde innerlich heiß. Dann ertönte von draußen Tumult, einige Kinder waren in die Küche vorgedrungen und fragten, wann es endlich was zu essen gebe. Ich schob sie hinaus und kündigte eine Überraschung an. In meiner Verzweiflung hatte ich mir einige Kartons mit Schokoküssen aus der Küche gegriffen, um sie an die Kinder zu verteilen. Diese waren nicht zu bändigen und griffen gierig zu, sodass einige zwischen ihren Fingern zerbarsten und die klebrige Masse sich in den Händen verteilte. Was für ein Desaster! Ich machte mir nun wirklich ernsthaft Sorgen und mein sonst so unerschütterlicher Optimismus schmolz dahin wie Butter in der Sonne. Inzwischen war die Zeit weit vorangeschritten und es war schon 21 Uhr. Als ich gerade die Küche wieder betreten wollte, kam mir der schwäbische Spezialist entgegen. »Ich gebe auf«, sagte er im Vorbeigehen und ließ mich einfach stehen. Er hatte sich selbst überschätzt und hätte es eigentlich schon früher merken müssen, und sicher hatte er es auch bemerkt und wollte es nur nicht eingestehen. Dann sah ich gerade noch, wie er mit dem Auto davonfuhr, während mich schon wieder die inzwischen sehr hungrigen Kinder umringten. Nun musste umgehend etwas geschehen und ich berief meine Betreuer zu einer kurzfristigen Lagebesprechung ein. Zwei von ihnen begannen unmittelbar danach Brote zu schmieren, damit wir den Kindern wenigstens eine kleine Zwischenmahlzeit liefern konnten, währenddessen machte sich Jörg auf den Weg, um doch den Spätzlehobel zu holen. Wir Verbliebenen zogen alle Register, um die dreißigköpfige hungrige Kinderschar zu beschäftigen. Endlich war der Hobel da und alle liefen noch einmal zur Höchstform auf, sodass gegen 23.30 Uhr tatsächlich das Essen auf dem Tisch stand. Das Betreuerteam war völlig erledigt und die Kinder waren inzwischen alle ziemlich satt, sodass wir nur einen Teil der Spätzle an das wilde »Rudel« verfüttern konnten.

Gegen 1.30 Uhr lagen endlich auch wir Betreuer im Schlafsack, und ich schwor mir, dass es in einem Camp unter meiner Verantwortung nie wieder Spätzle geben würde. Am nächsten Morgen verkündete ich das meinen anderen Betreuern, auch wenn es mir ein wenig leidtat, denn die Spätzle waren ja letztendlich wirklich sehr lecker gewesen. Nie hätte ich zu diesem Zeitpunkt und nach dieser Erfahrung geglaubt, dass es anders kommen sollte, und das schon zwei Jahre später.

Das Sommercamp befand sich diesmal an einem anderen Standort. Es war eine Schule, die wir, bevor ich das Gelände an der Spree gekauft hatte, regelmäßig für unsere Camps mieteten. Im Parterre des Gebäudes, das am Hang lag, befanden sich der Speisesaal und angrenzend die gut ausgestattete Küche, die wir nutzen durften. In dem Jahr war auch Jörg wieder im Team, und auch diesmal mussten wir das Essen und die Küchenteams einteilen. Der Zufall wollte es so, dass ein neues Teammitglied vorschlug, an einem Tag Spätzle einzuplanen – bei diesem Wort runzelte ich sofort die Stirn. Die anderen hingegen grinsten, sie kannten die Geschichte. »Was spricht eigentlich dagegen?«, fragte nun Jörg und hielt mir grinsend einen Spätzlehobel vors Gesicht, den er in der Küche gefunden hatte. Nach einer kurzen Überlegung war ich einverstanden, schließlich war die ganze Aktion ja damals nur gescheitert, weil das manuelle Schaben für erheblichen zusätzlichen Zeitaufwand gesorgt hatte. An jenem Tag, als die Spätzle auf dem Speiseplan standen, begann das Küchenteam besonders zeitig mit den Vorbereitungen, und alles sah gut aus. Zwar hatte ich einige Bedenken, da die eingeteilten Kinder aus einer Gruppe Jungs bestand, die eher nicht durch ihren Tatendrang glänzten, aber meine Bedenken wurden bald zerstreut. Pünktlich auf die Minute stand das Essen auf dem Tisch und alle lobten das Küchenteam, zumal es obendrein lecker schmeckte.

Nach dem Abräumen waren nur noch die Teller abzuspülen, was kein großer Aufwand war und schnell vonstattengehen sollte. Leider ließen sich die Jungs sehr viel Zeit und standen nach 20 Uhr noch immer in der Küche. Also ermahnte ich sie zur Eile und war etwas verärgert, als sie eine halbe Stunde später noch immer nicht fertig waren. Auf meine Frage, was denn daran so lange dauerte, antworteten sie, dass das Wasser in der Spüle nicht so richtig abfloss, deshalb schaute ich mir das Problem genauer an. Der Wasserstand blieb konstant, der Abfluss schien verstopft zu sein. Also beschloss ich den Siphon abzubauen, der sicher lange nicht mehr gereinigt worden war. Eine Arbeit, die ich zugegebenermaßen zu Hause auch nur ungern tue, aber da wir auf chemische Mittel verzichten, die solche Probleme im Nu lösen, hatte ich damit Erfahrung. Schnell war alles abgeschraubt. Was ich jedoch dann sah, ließ mich ahnen, dass die Aktion länger dauern konnte. Ich rief meinen »Spätzlekoch« dazu, und gemeinsam stellten wir die Jungs zur Rede. Sie wollten Zeit sparen und hatten deshalb die Essensreste auf den Tellern statt in den Biomüll über den Ablauf entsorgt. Das konnte nicht gut gehen, und so kam es, wie es kommen musste. Der Siphon war von den Spätzle völlig verstopft, die bereits eine kompakte Masse bildeten. Aber damit nicht genug, unschwer war zu erkennen, dass sich auch weiter hinten in den Abflussrohren die Spätzlemasse festgesetzt hatte. Da half kein Stochern, auch die Rohre mussten abgebaut und Stück für Stück gereinigt werden. Glücklicherweise waren die Abflussrohre entlang der Wand angebracht und nicht

Die Küche sah aus wie ein Schlachtfeld.

im Fußboden eingelassen. Allerdings mussten wir zuvor Küchenschränke und Regale von den Wänden abrücken und diese wegen dem enormen Gewicht teilweise sogar ausräumen. Die Küche sah aus wie ein Schlachtfeld, dazwischen standen Jörg und ich und sprachen die ganze Zeit kein Wort, wir kochten innerlich vor Wut. Die Stimmung war dermaßen angespannt, das bemerkte jeder, der den Raum betrat. Alle zogen es vor, uns besser allein zu lassen, damit das Pulverfass nicht explodierte.

Kurz nach Mitternacht war endlich wieder alles in Ordnung, die Kinder und anderen Betreuer waren schon lange in ihren Zelten verschwunden, und wir gönnten uns ein wohlverdientes Feierabendbier, bei dem ich mit Jörg den alten Schwur bekräftigte, dass es in einem Camp unter meiner Leitung nie wieder Spätzle geben würde. Bis zum heutigen Tag habe ich mich daran gehalten.

BESUCH VON GÄSTEN ALLER ART

Zum Jahreswechsel 2009/2010 hatte sich meine Freundin endgültig entschlossen zu mir ins Spreecamp zu ziehen, außerdem erwartete unsere kleine Familie Nachwuchs. In Anbetracht dieser Tatsachen wurde es dringend erforderlich, eine größere Blockhütte zu bauen, die unserer Familie fürs Erste genügend Platz bot und auch das Bad und den Küchenteil enthalten würde, von dem ich bereits erzählt habe. Außerdem sollte die Hütte um eine Schlafebene erweitert werden, eine etwas niedrigere weitere Etage, in der ich zwar nicht aufrecht stehen kann, die vor allem als Schlafplatz dient, aber auch ausreichend Stauraum für Wäsche und andere persönliche Gegenstände bietet.

Eine größere Blockhütte muss her.

Bis zum Herbst 2009 hatten wir schon den Rohbau fertiggestellt und lagen damit gut im Zeitplan, denn der Einzug war erst für den Herbst 2011 geplant. Aber auch diesmal gab es immer wieder Unterbrechungen, da wir natürlich zusätzlich unserer eigentlichen beruflichen Tätigkeit nachgingen.

Wieder hatte ich Hilfe von Freunden und Bekannten. Auf professionelle Hilfe, wie von den fahrenden Gesellen aber konnte ich diesmal verzichten, denn inzwischen hatte ich genug eigene Erfahrungen gesammelt, und die Holzarbeiten gingen zügig voran. Vor allem aber konnte ich für diesen Bau Jürgen dazugewinnen, der mir schon in der Vergangenheit hin und wieder mit seiner Technik eine große Hilfe gewesen war. Als enormer Vorteil erwies sich vor allem, dass durch seinen

Bagger, der sich auch als Kran umfunktionieren ließ, der kräftezehrende Transport der schweren Balken vom Sägewerk auf das Blockhaus nun zum Kinderspiel wurde. Parallel dazu wurde auch das Camp nicht vernachlässigt, es wurde sogar weiter optimiert, denn inzwischen war es die ständige Basis für meine Veranstaltungen. Bei jeder Gelegenheit wurden Sträucher und Bäume gepflanzt und aus der einstigen offenen Fläche entstand mit der Zeit ein reich strukturierter Lebensraum, der nicht nur den Besuchern des Camps ein angenehmes Umfeld bot.

Mit der Zeit wurde das Gelände auch für Tiere immer attraktiver, und um das weiter voranzutreiben, integrierte ich an allen geeigneten Stellen Reisighaufen, schichtete Totholz auf oder setzte kleine Steinhaufen. Zusätzlich brachten wir Nistkästen für verschiedene Vogelarten an, auch Fledermausquartiere fanden ihren Platz. Später, als ich das Dach der ersten Blockhütte renovierte – ich ersetzte die Teichfolie durch den stabileren Förderbandgummi –, wollte ich die Folie nicht einfach entsorgen, sondern entschied mich, sie ihrer eigentlichen Bestimmung zuzuführen. Wir legten einen kleinen Teich mitten im Gelände an, der sofort von Libellen und anderen Insekten, aber auch Grünfröschen, Knoblauchkröten und sogar Ringelnattern besiedelt wurde. Die Uferbereiche hatten wir mit heimischen Pflanzen und Feldsteinen bestückt, und sofort wurde der Teich auch von den Vögeln als Tränke und Badeplatz angenommen. Sogar ein Eisvogel wählte eine kleine Insel, die durch die ehemalige Öffnung für den Schornstein entstanden war, als Jagdwarte aus. In ihrer Mitte hatte ich einen Robinienpfahl eingegraben, auf dem er regelmäßig saß, um Moderlieschen zu jagen. Diese kleinen Fische waren die einzige Art, die ich in den Teich aussetzte, denn sie sind nicht räuberisch und vergreifen sich nicht an Amphibienlaich, den Larven von Libellen oder anderen Wasserlebewesen. Es war für

Das Camp als Heim für Tiere

mich immer wichtig, nach Möglichkeit alle Materialien, auch wenn sie offensichtlich schon Abfall waren, wiederzuverwenden, denn die üblichen Gepflogenheiten unserer Wegwerfgesellschaft wollte ich nicht unterstützen.

Dieses Prinzip wurde auch bei den Bauten im Spreecamp zum Leitbild und wir verwendeten bei unseren Bauaktivitäten häufig Dinge, die schon im Sperrmüll standen. Unser Aufenthaltsraum, der ursprünglich nur aus einer Überdachung auf Robinienpfosten bestand, bekam Wände aus Brettern, in die wir Abbruchfenster einsetzten, von innen wurden die Wände mit alten Schilfmatten, die in einer Gärtnerei keine Verwendung mehr fanden, ausgekleidet und das Ganze wurde dann mit Lehm verputzt. Der Fußboden bestand aus hart gebrannten Ziegeln von einem Hausabriss, die wir auf Kies, der vom Aushub des später entstandenen Teiches stammte, verlegten. So wurde alles genutzt und alles war irgendwie miteinander verwoben. Auch die Außenküche, die sich im Camp befand, wurde weiter ausgebaut, wir legten auch einen Ziegelsteinboden. Wir setzten Wände ein, die ebenfalls aus Abrissziegeln gemauert wurden. Allerdings verwendeten wir für die Verbindung keinen üblichen Mörtel, sondern ein Gemisch aus Lehm und Stroh. Da wir das Stroh aber langfasrig verarbeiteten, konnten wir es mit Lehm vermischt als längere Stränge in die Wände förmlich einflechten und dazwischen sogar verschiedenfarbige Flaschen und Gläser einbauen, sodass bei Sonneneinstrahlung ein wunderbares Lichtspiel entstand. Zusätzlich wurde in die Küche ein Backofen aus Schamottesteinen eingebaut, damit wir sogar unsere eigene Pizza darin backen konnten.

Ein weiteres Highlight wurde ein großer Kessel aus Emaille, ein Freund hatte mir diese Riesenbadewanne vermittelt. Der Kessel hat einen Durchmesser von 2,40 Metern und eine Höhe von 1,2 Metern, ist innen emailliert und unten befindet sich seitlich ein Auslauf mit einem Absperrhahn. Mit einem Kran haben wir ihn auf drei große Findlinge gehoben, sodass man darunter ein Feuer entfachen kann. An der einen Seite haben wir aus Pfählen und dicken Brettern einen mehrstufigen Vorbau konstruiert, der das Einsteigen erleichtert und als Ablage fungiert. Vor allem in der kalten Jahreszeit ist es immer ein besonderes Ereignis, wenn wir die Wanne mit Spreewasser füllen, um ihn danach aufzuheizen. Es passen gleichzeitig bis zu acht Personen hinein, die dann unter dem Sternenhimmel ein heißes Bad genießen können. Ein besonderer Genuss ist es, den Kessel kurz zu verlassen und in den kalten Fluss zu tauchen. Wenn man danach wieder in das warme Wasser steigt, fühlt es sich für einen Moment so an, als würde man von tausend Nadeln gestochen, aber schon im nächsten Augenblick spürt man ein angenehmes Prickeln auf der Haut. Auf jeden Fall ist das »Kesseln«, wie wir es nennen, ein unvergessliches Erlebnis. Von Vorteil ist übrigens, dass wir dafür kein Trinkwasser nutzten müssen, denn die Wanne fasst immerhin über 4000 Liter Wasser. Das »geborgte Wasser« aus dem Fluss kann ohne Probleme zurückgeführt werden, also ist ein solches Bad keine Trinkwasserverschwendung.

Geselliges Beisammensein in der Riesenbadewanne

Inzwischen ist es schon zu einer Tradition geworden, alljährlich im November die Kesselsaison mit guten Freunden zu eröffnen. Meist ist es eine der letzten Aktivitäten im Jahr, danach beginnt die Winterruhe. Winterruhe bedeutet aber keinesfalls Winterschlaf, denn auch in dieser Zeit gibt es einiges zu tun. Vor allem, als ich noch an der neuen Blockhütte gebaut habe, gab es kaum Ruhephasen.

In der Winterzeit kommen auch oft Besucher vorbei, die sich informieren möchten oder einfach neugierig sind. Meistens nehme ich mir Zeit und führe sie im Camp herum, denn Gastfreundschaft ist mir sehr wichtig. Allerdings gibt es auch ab und zu Besucher, die »nur mal so gucken wollen«. Schnell ist dann eine Stunde meiner kostbaren Zeit verstrichen und wichtige Arbeit nicht getan, denn ich möchte niemanden einfach abweisen. Meistens ist den Leuten dabei gar nicht bewusst, dass der Zeitplan der Betreiber solcher Camps ziemlich eng gesteckt ist. Es geht nicht darum, dass man sich keine Zeit nehmen möchte, aber da solche Besuche grundsätzlich ohne eine Vorankündigung erfolgen, sind sie kontraproduktiv. Persönlich käme ich nie auf so eine Idee, und ich würde immer anfragen, ob es gerade passt, am besten vorher sogar telefonisch. In Nordschweden war ich mal zu Gast in einem Huskycamp, der Besitzer hatte ständig mit solchen neugierigen Gästen zu tun. Für ihn war das inzwischen eine echte Belastung, denn er war den ganzen Tag über sehr beschäftigt und seine Zeit knapp bemessen. Als er mir sein Leid klagte, machte ich den Vorschlag, er solle zusätzlich zu den Preisschildern, die sich in seinem Eingangsbereich befanden, eins mit der Aufschrift »Nur mal gucken: 200 Kronen« befestigen. Das zeigte tatsächlich Wirkung und von da an blieben solche Gäste aus.

»Nur mal gucken: 200 Kronen«

Tatsächlich gab es auch bei mir schon Besucher, deren Neugier so stark war, dass sie scheinbar nicht bemerkten, dass ihr Verhalten schon aufdringlich war. Jede Ecke des Grundstücks wurde inspiziert und man machte auch nicht halt vor offensichtlich sehr privaten Bereichen. Einmal saß ich am Schreibtisch und als ich aufblickte, stierten drei Personen, die dicht vor meinem Fenster standen, herein. Ich begab mich nach draußen und fragte, ob ihnen etwas fehle und wie ich helfen könne, aber sie wollten ebenfalls nur mal sehen, wie ich so lebe. Ein solches Verhalten hat mich schließlich veranlasst, das Camp mit einem Zaun vom privaten Bereich zu trennen, obwohl ich es ursprünglich nicht so vorgesehen hatte. Bisher habe ich nur zwei Mal von meinem Hausrecht Gebrauch gemacht und Besucher gebeten, den Ort wieder zu verlassen, was in beiden Fällen ganz unproblematisch vonstattenging. Leider mussten wir aber auch einmal eine ganz andere Erfahrung machen, die mit den eigentlichen Gästen nichts zu tun hatte. Dieses Erlebnis hat uns lange Zeit sehr beschäftigt, aber inzwischen ist es in unseren Köpfen nicht mehr so präsent und wir reden nur noch selten darüber.

Damals war ich mit Unterstützung eines Freundes gerade dabei, die Elektrik der zweiten Blockhütte zu installieren. Der Rohbau war geschafft, und von außen machte das Haus einen guten Eindruck. Im Innenteil gab es aber noch viel zu tun, die Küche und das Bad mussten ausgebaut werden, und wir mussten überall noch Steckdosen nachrüsten. Aber es gab immerhin schon Licht sowie Internet und auch einen Ofen, der das Arbeiten im Februar deutlich angenehmer machte. An dem besagten Tag arbeiteten wir bis in die Abendstunden hinein. Gegen 19 Uhr verabschiedete sich mein Helfer, da er noch einen Termin hatte. Meine Freundin hatte das Abendessen in unserer Container-Küche zubereitet und danach wollte ich Fotos am Computer bearbeiteten und am selben Abend noch versenden. Währenddessen schlief neben mir unsere einjährige Tochter friedlich im Familienbett. Plötzlich kam meine Freundin in die Hütte und fragte mich, ob ich die Außenbeleuchtung am Container abgeschaltet habe, während sie noch in der Küche arbeitete. Da ich verneinte, meinte sie, dass sie es versehentlich selbst gewesen sein müsse, sie habe einen verrückten Tag und sei die ganze Zeit schon so zerstreut. »Aha, wie äußert sich das denn?«, fragte ich sie. »Ich habe alle Türen vom Auto offen stehen lassen«, erklärte sie aufgeregt. Ich fand das schon etwas merkwürdig, dachte aber nicht weiter darüber nach und ging wieder an meine Arbeit. Kurz darauf verließen wir beide die Blockhütte. Während meine Freundin in den Container zum Bad ging, wollte ich noch die Bilder übers Internet versenden, dazu musste ich aber in das neue Blockhaus. Schon vor dem Vorbau stutzte ich, denn sowohl dessen Tür als auch die Haus-

Ich begriff, dass ich offensichtlich drei Meter vor einem Einbrecher stand.

tür standen einen Spalt offen. Auch brannte das Außenlicht nicht mehr, ich vermutete, dass der Elektriker wohl noch etwas vergessen hatte und noch mal gekommen war. Als ich mich noch darüber ärgerte, dass er die Türen offen gelassen hatte, obwohl es so kalt war, bewegte sich plötzlich die innere Haustür und eine Gestalt kam heraus. Alles ging ganz langsam und viel war nicht zu erkennen. Die Person bewegte sich vorsichtig, denn sie hatte einen Stuhl in der Hand, auf dem mein Laptop stand, und musste eine Treppenstufe nach unten gehen, um den Vorbau zu betreten. Was war los? In meinem Kopf begannen die Gedanken Karussell zu fahren, und ich wusste für einen Moment nicht, was zu tun war. Schließlich begriff ich, dass ich offensichtlich drei Meter vor einem Einbrecher stand. Nur die teilverglaste Tür im Vorbau trennte uns voneinander, und er steuerte nun genau darauf zu. Noch hatte er mich nicht gesehen, denn ich stand regungslos davor. Der Einbrecher hatte eine Kapuze weit über seinen Kopf gezogen und konzentrierte sich in der Dunkelheit auf den Boden. Wieder schossen mir die Gedanken durch den Kopf, nun aber schon strukturierter, da ich die Situation erfasst hatte. Sofort wurde mir bewusst, dass ich für eine etwaige Auseinandersetzung nicht gut gerüstet war. An den Füßen trug ich Holzpantinen, die keine schnelle Fortbewegung zuließen, über der Schulter baumelte an einem Tragriemen meine beste Digitalkamera, und ich hatte leider nichts, was auch nur ansatzweise als Waffe hätte taugen können. Dann aber schien mein Gehirn all das zu ignorieren und einen Entschluss gefasst zu haben, ohne Rücksicht auf den restlichen Körper, die Ausrüstung und die Situation zu nehmen. »Stell das sofort hin!«, brüllte ich, und als wollte ich diese Entschlossenheit unterstreichen, machte ich nun – anscheinend intuitiv – eine Bewegung nach vorn. Der Dieb, der eben noch hoch konzentriert war, zuckte in diesem Moment sichtlich vor Schreck zusammen, stellte dann aber geistesgegenwärtig und mit einer schnellen Bewegung die Lehne des Stuhls von innen unter die Klinke, sodass diese sich nicht mehr herunterdrücken ließ. Gleich darauf bewegte sich sein Schatten wieder zurück in die absolute Dunkelheit der Blockhütte. Nun warf ich mich mit vollem Gewicht gegen die Außentür, deren Schloss nur provisorisch montiert war und sofort nachgab. Ich polterte in den Vorbau und steuerte zielsicher auf einen der Tische zu, der mir als Werkzeugablage diente. Während meine Augen im schummrigen Licht, das den verglasten Anbau von außen durchdrang, den Tisch nach einer geeigneten Waffe absuchten, fummelte ich die Kamera von der Schulter und legte sie ab. Im nächsten Moment bekam ich eine japanische Zugsäge zu fassen, und obwohl sie mir nicht sonderlich geeignet schien, stürmte ich weiter voran. »Bewahren Sie Ruhe und rufen Sie die Polizei«, ging es mir durch den Kopf. »Machen Sie sich keinesfalls bemerkbar, der Einbrecher könnte bewaffnet sein.« Ich hatte kürzlich eine Sendung im Fernsehen zum Thema Einbruch gesehen, die auch diverse Tipps für das richtige Verhalten in einer solche Situation gegeben hatte. »Und wenn er wirklich eine Waffe hat?«, sofort verwarf ich den Gedanken und stürzte mich in die scheinbar unvermeidbare Schlacht, denn ich hatte viel zu verlieren. In der Hütte hatte ich zu dem Zeitpunkt einen großen Teil meines Werkzeugs gelagert, den ich zum Innenausbau dringend benötigte, außerdem aber auch einen Teil meiner Fotoausrüstung.

Also öffnete ich entschlossen die Tür in den dunklen Raum, um gleich danach den Lichtschalter zu betätigen, der sich unmittelbar links um die Ecke befand. Hier war mein Terrain, hier kannte ich jeden Quadratzentimeter, und ich würde nicht zulassen, dass ungebetene Gäste sich an mir bereicherten. Mein Eintreffen im Haus untermalte ich wiederholt mit einem lauten Gebrüll: »Zeig dich, du Feigling!« Im selben Moment hörte ich Stimmen und wusste nun, dass es mindestens zwei waren, und noch etwas wurde

»Zeig dich, du Feigling!«

mir klar: Sie saßen in der Falle. Noch keines der eingebauten Fenster hatte Öffnungshebel. Nur am Badfenster hatte ich gerade erst einen Hebel angebracht, um die Baustelle belüften zu könne. Scheinbar hatten die beiden Diebe das aber auch herausgefunden, denn genau da befanden sie sich und machten sich am Fenster zu schaffen. Ich stolperte mit meinen Pantinen vorwärts, und als ich das Bad erreichte, sah ich gerade noch, wie einer durch das Fenster verschwand. Also wieder zurück und mit Geschrei hinterher. Vor dem Haus kickte ich die Holzpantinen von den Füßen und rannte den beiden über den gefrorenen Boden in Socken hinterher, dabei wedelte ich eifrig mit meiner Zugsäge über dem Kopf. Der etwas zurückgefallene Räuber befreite sich nun von seiner Last – ein wertvolles Stativ, an dem sich noch ein lichtstarkes Teleobjektiv befand. Wie in Zeitlupe sah ich, wie er es von sich warf und es wenige Meter neben mir auf den Boden aufschlug. Ich hätte heulen können, doch dafür blieb keine Zeit, denn der erste Einbrecher war nun auf der Höhe des Containers, in dem sich meine Freundin befand. Genau in dem Moment ging die Tür auf und in einem Lichtspot, der von innen kam, stand ein Wesen wie aus einer anderen Welt. Ich stutzte kurz, aber der erste der beiden Einbrecher konnte nicht mehr abbremsen und ich wich nur ein wenig zur Seite aus, um einen Zusammenprall zu verhindern. Meine Freundin sah in diesem Moment wirklich furchterregend aus, sie hatte sich eine Gesichtsmaske aus Creme aufgelegt und darauf diverse Gurkenscheiben gelegt. Auch sie wedelte mit einem Gegenstand über ihrem Kopf, der sich bei genauerer Betrachtung als Wasserflasche entpuppte, die sie im selben Moment dem Dieb mit voller Wucht über den Rücken schlug. Der stöhnte zwar auf, konnte aber dennoch in das rettende Dunkel hinter dem Container fliehen. Der andere war schon abgebogen und in der Dunkelheit verschwunden. Keuchend erreichte ich meine Freundin und berichtete ihr kurz, was passiert war, um dann sofort zurückzulaufen und die

Polizei anzurufen. Das Telefon befand sich aber nicht in der Ladestation, die Diebe mussten es entnommen haben. Also lief meine Freundin zu den Nachbarn, um die Polizei zu alarmieren, während ich solange vor der Hütte Posten bezog, in der unser Kind schlief. Die Kleine hatte glücklicherweise vom ganzen Geschehen nichts mitbekommen und schlief ruhig im Bett. Nach wenigen Minuten war meine Freundin in Begleitung meines Nachbarn und eines weiteren Freundes zurückgekehrt, dem ich einen Gummihammer in die Hand drückte. Ich bat ihn, den Eingang der Hütte, in der sich inzwischen meine Partnerin und unser Kind befanden, zu bewachen. Ich machte mich auf, um die Einbrecher zu verfolgen. Inzwischen hatte ich mich mit festen Schuhen und einer Stirnlampe ausgerüstet. Von den Dieben war aber nun weit und breit nichts mehr zu sehen. Dafür traf kurz darauf die Polizei mit einem größeren Aufgebot ein. Neben mehreren Autos war sogar ein Hund dabei, der sofort die Diebesspur aufnahm. Auf meine Nachfrage bekam ich die Antwort, dass mehrere Anrufe von verschiedenen Bewohnern eingegangen waren und es sich anscheinend um eine größere Bande handelte, die im Dorf parallel an mehreren Stellen eingebrochen waren.

Erst jetzt hatte ich Zeit, mir alles genauer anzuschauen und festzustellen, wie hoch der Schaden war, der mir durch den Einbruch entstanden war. Schon im Außenbereich entdeckte ich eine Fototasche, die mehrere Objektive enthielt, auch das Stativ mit dem Teleobjektiv konnte ich nun begutachten und erwartete das Schlimmste. Doch wie durch ein Wunder konnte ich keinen Schaden erkennen. Dann ging ich zum Auto, und was ich dort zu sehen bekam, verschlug mir die Sprache. Das ganze Fahrzeug war voll geräumt mit Diebesgut: Meine Motorsäge und andere kleinere Werkzeuge, ganze Kisten mit Schrauben und Kleinteilen türmten sich auf den Sitzen, bis auf den Fahrersitz war kaum noch

Das ganze Fahrzeug war voll geräumt mit Diebesgut.

Platz. Nun begann ich mithilfe der Stirnlampe den Außenbereich weiter abzusuchen und entdeckte neben verschiedenen Werkzeugen auch unser schnurloses Telefon. Es war einfach unglaublich, erst jetzt wurde mir bewusst, dass sich die ganze Sache direkt vor unseren Augen abgespielt haben musste, und meine Freundin und ich mehrmals den Einbrechern sehr nah gewesen sein mussten. Wir hatten es nicht bemerkt und hätten doch stutzig werden müssen! Nun hatten wir auch eine Erklärung für das abgeschaltete Licht und die offenen Autotüren.

Wieder wurde ich aus meinen Gedanken gerissen, denn ein anderer Nachbar stand inzwischen am Zaun und erzählte einem Polizisten aufgeregt, dass er neben seinem Moped verschiedene Dinge aus seiner Werkstatt vermisste. Es war weit nach Mitternacht, als sich alles wieder beruhigt hatte und die Polizisten das Grundstück verließen. Verständlicherweise hatte ich in dieser Nacht einen unruhigen Schlaf mit unangenehmen Träumen. Am nächsten Morgen beschloss ich, erst mal in aller Ruhe mit meiner Freundin und unserer Tochter zu frühstücken, bevor ich eine Bestandsaufnahme machte.

Doch noch immer sollte es nicht vorbei sein. Gleich nach dem Aufstehen hatte ich eine Runde durch das Spreecamp gemacht, um eventuell noch Sachen aufzusammeln, die vielleicht übersehen worden waren, doch bis auf zwei Zangen konnte ich nichts mehr finden. Dann schaute ich mir den Fluchtweg der Diebe genauer an und stellte fest, dass einer wohl Bekanntschaft mit einer großen Heckenrose gemacht hatte. In der Dunkelheit konnte er sie sicher nicht sehen, und es war offensichtlich, dass die langen Dornen bei ihm Spuren hinterlassen haben mussten, denn er war direkt durch den Strauch gesprungen. Am Eingang zum Spreecamp entdeckte ich dann eine zweite Zange, hier hatten sie also das Grundstück verlassen, überlegte ich, als ich zwei merkwürdige Typen auf Rädern sah, die quer über den Sportplatz fuhren. Ich setzte mich ins Auto, um die Verfolgung aufzunehmen – und sollte Recht behalten. Es waren tatsächlich zwei der Diebe, die die Nacht im Vereinshaus des Fußballvereins verbracht hatten und morgens, als die Putzfrau kam, von ihr geweckt wurden. Sie hatten es vorgezogen, bei dem großen Polizeiaufgebot besser unterzutauchen, und ein offenes Fenster im Vereinshaus erschien ihnen als eine willkommene Einladung. Jetzt aber, wo es hell war und sie sich nicht mehr im Schutz der Dunkelheit verstecken konnten, hatten sie im Dorf, wo jeder jeden kennt, keine Chance zu entkommen. So waren sie mehreren Einwohnern aufgefallen und die Polizei war auch verständigt, sodass alles nach nur einer halben Stunde vorbei war. Die Räuber waren gefasst. Einer der beiden hatte mehrere Risse an den Unterarmen und sogar im Gesicht, die er sich wohl an der Heckenrose zugezogen hatte. Als die beiden von der Polizei abtransportiert worden waren, holte ich endlich Brötchen und wir konnten unser spätes Frühstück nachholen, bei dem wir alles noch einmal Revue passieren ließen, um den Vorfall zu verarbeiten. Später, bei meiner Bestandsaufnahme, stellte ich fest, dass bis auf eine Taschenlampe und eine Zange nichts fehlte. Wir sind wirklich glimpflich davongekommen. Allerdings hinterließ das Ereignis doch für längere Zeit seine Spuren, denn es war etwas geschehen, das wir uns nicht hatten vorstellen können. Die Idylle des Platzes war gestört worden, es war, als würde jemand mit Gewalt ins Paradies eindringen und das friedliche Leben bedrohen. Noch zwei Wochen nach dem Vorfall bin ich abends mit einem Knüppel über das Grundstück gelaufen und habe bei jedem Geräusch in die Dunkelheit hineingelauscht. Aber die Zeit heilt alle Wunden und inzwischen ist es wieder wie zuvor. Ja, es ist sogar so, dass ich, wenn ich daran erinnert werde, fast nicht glauben kann, dass es im Spreecamp diesen Vorfall wirklich gab.

BLOCKHAUSKURSE IN DER LAUSITZ UND DARÜBER HINAUS

Nachdem ich den Bau der zweiten Hütte begonnen hatte, gab es vermehrt Anfragen von Menschen, die mich baten, eine Blockhütte für sie zu errichten. Jedes Mal lehnte ich ab, mit der Begründung, dass ich kein ausgebildeter Holzhandwerker sei und ich diesen Beruf auch nicht ausüben wolle.

Mit der Zeit aber dachte ich über eine andere Möglichkeit nach. Ursprünglich wollte ich das Sägewerk nach dem Bau der ersten Hütte verkaufen, was ich ja glücklicherweise nicht getan hatte, denn nun war schon die zweite so gut wie fertiggestellt. Immer öfter kamen jetzt auch Menschen, die mir einfach gern mal über die Schulter schauen wollten, da sie selbst mit dem Gedanken spielten, ein Holzhaus zu bauen.

Schließlich beschloss ich, selbst Kurse anzubieten, in denen ich anderen erklärte, wie ich eine Blockhütte baue, ohne den Anspruch zu haben, dass es der einzig richtige Weg ist. Es ging mir darum, eine Bauanleitung zu vermitteln, die aber den Teilnehmern Wege offenlässt, bestimmte Schritte alternativ zu gestalten, es sollte also kein »so und nicht anders« sein.

Ich beschloss, selbst Kurse anzubieten.

Schon bald fand der erste Kurs reges Interesse. Unterstützung gab es dabei auch wieder von der deutschen Niederlassung der schwedischen Firma Logosol, die meinen Kurs für das Jahr 2009 auch bewarb. Da sich nicht alles bloß in der Theorie besprechen lässt und man am besten lernt, wenn man die einzelnen Schritte auch praktisch nachvollzieht, war schnell klar, dass eine weitere Hütte gebaut werden musste, denn nur so konnten die Teilnehmer alle Phasen – von der Gründung bis zum Dach – erlernen, denn bei der Größe der Hütten war es nicht möglich, sie in einem einzigen Kurs fertigzustellen. Erst später wurden dann kleinere Hütten gebaut, in denen die Teilnehmer innerhalb eines Kurses alle wichtigen Bauphasen absolvieren konnten.

Meist kamen die Teilnehmer aus den verschiedensten Berufsgruppen: Pädagogen, Pferdezüchter, Polizisten, Campingplatz-Betreiber, Künstler, Beamte, sogar ein Metallbau-Ingenieur und so weiter. Natürlich waren auch Frauen darunter und die Teilnehmer kamen nicht nur aus Deutschland, sondern auch aus Österreich, Belgien, Dänemark und Norwegen.

Bei meinem zweiten Kurs hatte ich einen Zimmermann aus dem Berliner Raum dabei, der enorme Vorkenntnisse besaß und selbst schon Blockhäuser in Naturstammbauweise errichtet hatte. Wir verstanden uns sofort sehr gut und ich bot ihm für die Zukunft eine Partnerschaft an. Von nun an war er der Lehrer vor Ort, ein gewaltiger Vorteil, zumal er fachlich sehr fit war und auch gut mit anderen Menschen klarkam. Mein Part war die Organisation und ich kümmerte mich um die Ausschreibung, Werbung, Materialbeschaffung, Unterbringung und Versorgung sowie um die Einführung in die Theorie. Gemeinsam waren wir von nun an ein starkes Team, das sich wunderbar ergänzte und bei der gemeinsamen Arbeit immer sehr viel Spaß hatte. Inzwischen verbindet mich mit Austen auch eine Freundschaft, auch wenn wir uns in der jetzigen Zeit nur selten sehen. Die Blockhaus-Baukurse begannen jeweils am Montag und endeten am Freitagnachmittag. Voraussetzung für die Teilnahme war das Beherrschen des Umgangs mit der Motorsäge. Die Teilnehmeranzahl war begrenzt auf sechs Teilnehmer. Mit solchen kleinen Gruppen lässt es sich gut arbeiten. Nach einer theoretischen Einführung ging es meist gleich zur Sache, damit alle die verschiedensten Aufgaben selbst einmal praktisch ausprobieren konnten. Dazu gehörte auch der Einsatz am Sägewerk, da viele sich später ein solches Modell zulegen wollten.

Die Kurse fanden grundsätzlich im Frühling oder im Herbst statt, also immer außerhalb der Ferienzeit. Alle Gruppen fanden sich immer gut zusammen und nach der Arbeit war immer noch Zeit für ein Bier am Lagerfeuer, manchmal haben wir sogar den Badekessel eingeheizt. Zunächst waren die Teilnehmer in Zelten untergebracht, und als die erste Hütte im Camp stand, erfolgte die Unterbringung natürlich hier. Eine Herausforderung war hin und wieder die sprachliche Barriere, wie beispielsweise bei einem Gast aus Belgien. Er sprach kein Deutsch und ich weder Französisch noch Flämisch. Auch Englisch war nicht sein Ding, ebenso wenig wie meins, denn meine Englischkenntnisse stammen von Italienern, die ich bei einem Vogelschutz-Camp in Kalabrien kennengelernt hatte. Wir hatten denkbar schlechte Voraussetzungen. Da er aber einen Einzelkurs bekam, hatten wir genügend Zeit und es lief bestens: Ich führte die meisten Schritte erst vor und konnte trotz unserer Sprachprobleme alles gut erklären, und er konnte seine Fragen genau so verständlich machen. Inzwischen befanden sich auf dem Grundstück Bauten in verschiedenen Bauphasen, woran ich alles sehr praxisorientiert zeigen konnte.

Nach der Arbeit war immer noch Zeit für ein Bier am Lagerfeuer.

Nie wollte ich an anderen Orten einen Kurs geben, das erschien mir immer zu aufwendig, obwohl es dazu mehrfach Anfragen gab. Solche Einsätze bedingen vor allem im Vorfeld schon eine gute Vorbereitung und gehen trotzdem meist mit vielen Schwierigkeiten einher. Einmal allerdings machte ich dann doch eine Ausnahme, und es kam, wie es kommen musste – dieser Einsatz wird mir immer in Erinnerung bleiben.

Bei einem Fotokurs, den ich absolvierte, um die Einsatzmöglichkeiten von Blitzlichttechnik besser kennenzulernen, mit der ich von jeher auf Kriegsfuß stand, lernte ich Harry, einen Musiker kennen, der mir sehr sympathisch war. Schon bei der Vorstellungsrunde aller Teilnehmer hatte er mitbekommen, dass ich mich mit Blockhausbau beschäftigte, und er sprach mich später darauf an. Sein Interesse war sehr groß, also tauschten wir unsere Kontaktdaten aus. Er überlegte, sich zu einem Kurs in der Lausitz anzumelden. Im Sommer besuchte er mich dann sogar einmal und war sichtlich beeindruckt von meinem Camp und den Blockhütten. Aus dieser Bekanntschaft entwickelte sich mit der Zeit eine Freundschaft und gemeinsam fuhr ich mit Harry in das Freilichtmuseum mit den alten Blockhäusern aus der Lausitz. Begeistert diskutierte er mit mir über verschiedene Holzverbindungen und Bauweisen, um mir dann endlich zu eröffnen, dass seine Schwester in Frankreich ein solches Blockhaus errichten wollte. Sofort beschlich mich eine Ahnung, und als er mich fragte, ob ich für ein solches Projekt zu Verfügung stehen würde, verneinte ich. Allerdings hatte ich nicht mit seiner Hartnäckigkeit gerechnet, er sprach das Thema wieder und wieder in unseren mittlerweile regelmäßigen Telefonaten an. Irgendwann hatte er mich dann so weit, und ich sagte zu, obwohl ich noch immer nicht das beste Gefühl dabei hatte. Die Hütte sollte im südlichen Teil der Vogesen gebaut werden, in einem reizvollen Gebiet, das etwa 65 Kilometer Luftlinie von der deutschen Grenze entfernt liegt. Seine Schwester besaß in der Region ein Grundstück in Hanglage, mitten in einem Wald.

Eine Blockhütte in Frankreich

Die erste Schwierigkeit, die sich auftat, war die Entfernung von immerhin fast 900 Kilometern bis in die Lausitz. Aus Zeitgründen war es mir nicht möglich, die Baustelle im Vorfeld zu begutachten, und ich musste mich mit Beschreibungen und Fotos begnügen. Auch die Mengen des Materials mussten berechnet werden und die Grundlage hierfür war selbstverständlich eine Bauzeichnung. Diese wurde mir mit allen erforderlichen Maßen zwar zur Verfügung gestellt, aber sie stellte ein massives Haus dar und ich musste alles in ein Blockhaus übertragen, um die erforderlichen Maße für die Balken und Sparren zu errechnen. Das war zunächst der wichtigste Schritt, denn das Material musste bis zum Baubeginn auf der Baustelle eingetroffen sein.

Als diese Hürde genommen war, ging es im zweiten Schritt an die Vorbereitung der Baustelle. Dazu musste zuerst am Hang eine Terrasse angelegt werden. Ich hatte keinerlei Erfahrung mit Bauten an einem abfallenden Gelände, zumal mir auch kein Neigungswinkel des Baugeländes bekannt war, und so konnte ich nur beratend und telefonisch mein Wissen einbringen, so gut es ging. Als die Terrasse im Gelände fertig war, wurde von den Arbeitern vor Ort das Fundament gelegt. Die Bauherrin, Harrys Schwester, hatte sich schon zuvor mit mir auf einen Sockel aus Betonsteinen abgestimmt, an den später noch eine umlaufende Terrasse angebaut werden sollte. Es wurde zunächst ein Streifenfundament in den Boden eingebracht, worauf zusätzlich ein Sockel gesetzt wurde, in den später Gewindestangen eingegossen werden sollten. Diese dienten dazu, das Haus – das in Ständerbauweise ausgeführt werden sollte –, mit dem Sockel fest zu verbinden. Während dieser Bauphase war ich noch nicht vor Ort. Mir wurde allerdings erzählt, wie die Balken angeliefert wurden, was sich als schwierige Aktion entpuppte: Der Weg zum Grundstück hatte nicht nur eine Steigung, er war auch sehr schmal und kurvenreich. Da es zuvor geregnet hatte, kam noch dazu, dass in der Region alle Wege schlammig und aufgeweicht waren. Eine Herausforderung für einen schwer beladenen LKW – und das alles in einer steilen Hanglage. So war es fast vorprogrammiert, dass das Fahrzeug ins Rutschen kam

Vorbereitung mit Hindernissen

und in einen Bachlauf geriet. Alles musste abgeladen und neben der Unfallstelle deponiert werden, um das Fahrzeug mit einem schweren Traktor hinauszuziehen. Am Ende ging alles gut, und die Balken kamen unversehrt am Grundstück an.

Nun waren die Vorbereitungen getroffen und ich konnte auf die Baustelle nach Frankreich fahren. Mein Freund Harry und seine Schwester hatten wirklich ihr Bestes gegeben und dabei auch so manche Hürde genommen. Doch uns standen noch viele weitere Hindernisse bevor; glücklicherweise ahnten wir davon zu diesem Zeitpunkt noch nichts.

EIN UNHEIL KOMMT SELTEN ALLEIN

Da alle Balken ein Profil bekommen sollten, um sie fugenlos zusammenzubringen, benötigten wir eine Fräse oder einen Hobel in der entsprechenden Größe. Diesen Balkenhobel stellte uns für die Zeit unseres Projektes mein schwedischer Freund Hendrik zur Verfügung, den wir bei der Anreise in Bad Saulgau abholen konnten, was für uns fast auf dem Weg lag. Da die Maschine aber einen Kraftstromanschluss besaß, standen wir prompt vor dem nächsten Problem. Auf dem abgeschiedenen Grundstück in der Hügelkuppenlandschaft gab es nur einen Anschluss für 220 Volt, das war zu wenig, also benötigten wir ebenfalls ein Notstromaggregat. Harry versicherte mir, dass dies kein Problem sei, denn er wüsste, wo man solche Geräte bekäme. Jetzt fehlten also nur noch viele helfende Hände, denn für die Errichtung des Rohbaus hatten wir nur ein sehr kleines Zeitfenster von gerade mal elf Tagen. Danach hatte ich einen anderen Job, der sich terminlich nicht verschieben ließ: Ich war auf Hendriks Hochzeit als Fotograf fest eingeplant. Fotografen-Jobs gehörten eine Zeit lang zu meinen finanziellen Standbeinen.

Aber vorerst kreisten alle meine Gedanken um die Baustelle in Frankreich und die dringend benötigten Arbeitskräfte. Ein zufälliges Telefonat mit dem Zimmermann Austen erwies sich als glückliche Fügung. Eher zum Spaß fragte ich ihn, ob er nicht Lust habe, in Frankreich bei einem Blockhausbau mitzuwirken. Er sagte überraschenderweise sofort zu. Eine Stunde später war Uwe, ein weiterer ehemaliger Kursteilnehmer, gewonnen. Da es bei unseren ersten gemeinsamen Treffen immer sehr lustig zuging, konnte eigentlich nichts mehr schiefgehen. Bei einem dieser Treffen saßen wir zu dritt bis spätabends mit einem Bierchen am Lagerfeuer. Austen und ich wurden von Uwe aufgeklärt, dass man mit Rapunzel auch Geld verdienen konnte. Wobei der eine von dem Blattgemüse sprach, das er mal verkauft hatte, Austen aber die Märchenfigur im Hinterkopf hatte. Wir schüttelten uns vor Lachen, als der zunächst ungläubig dreinblickende Austen, der bis zu diesem Zeitpunkt das Blattgemüse gar nicht kannte, das Missverständnis erkannte. Dieser Abend und der damit verbundene Spaß waren schließlich ausschlaggebend dafür, dass Uwe den Spitznamen Rapunzel bekam. Jetzt muss man sich dazu nur noch einen kräftig gebauten, fast zwei Meter großen Kerl mit einem Drei-Millimeter-Haarschnitt vorstellen. Die Anspannung fiel von mir ab, gemeinsam konnten wir das schaffen, zumal jeder von uns auch eine gehörige Portion Erfahrung einbrachte, und das noch dazu aus weiteren handwerklichen Bereichen.

Rapunzel ist nicht gleich Rapunzel.

Nun fehlten nur noch genügend Hilfskräfte für die Zuarbeiten, aber diese wurden mir von der Bauherrin telefonisch ebenfalls zugesagt. Frankreich, wir kommen! In zwei Autos, die mit diversen Werkzeugen voll beladenen waren, begaben wir uns auf die Reise zum ersten Zwischenstopp in Bad Saulgau, wo wir die mobile Balkenfräse, die auf einem Trailer montiert war, an eins der Fahrzeuge ankoppelten. Mein Freund Hendrik hatte sie mir freundlicherweise für die Zeit zur Verfügung gestellt. Am Tag darauf sollte die Reise weitergehen, da es langsam eilte und wir noch einen weiteren Zwischenstopp einlegen mussten. In Freiburg komplettierte ein weiteres Fahrzeug die kleine Kolonne, die Harry anführte, da er die Ortskenntnis hatte. Er wirkte bei unserem Eintreffen etwas skeptisch und ich meinte, einen kritischen Blick auf den langen Trailer zu sehen. Ich fragte ihn, ob es ein Problem gebe. Aber er verneinte, und so machten wir uns auf die letzte Etappe des Weges. Es war Freitag und wir wollten nach unserer Ankunft, bevor es dunkel wurde, noch alles vorbereiten, am Sonnabend mussten wir pünktlich mit dem Bau beginnen. Tage zuvor hatte ich mir Gedanken darüber gemacht, wie wir die Zeit, die uns zur Verfügung stand, optimal nutzen konnten, um den Rohbau möglichst weit voranzubringen, und ich war wie immer optimistisch. Es konnte funktionieren, wenn alles wie geplant lief. Die Reise verlief nun unproblematisch, obwohl auf den letzten Kilometern die Straßen immer schmaler wurden. Schließlich kam die letzte Abzweigung unmittelbar nach einem Haus und wir befanden uns auf einem etwas schlammigen, sehr schmalen Waldweg an einem Hang. Ich konnte mir nicht vorstellen, dass der LKW mit dem Holz wirklich hineingefahren war, und machte mir ernsthaft Sorgen wegen des langen Trailers mit der Fräse, aber »Rapunzel«, der am Steuer des Zugfahrzeugs saß, erwies sich als erfahrener Kraftfahrer.

Endlich kamen wir am Grundstück an und wurden freundlich von der Hausherrin begrüßt. Nach einem Kaffee machten wir uns an eine erste Begehung des Grundstücks und schon währenddessen stellte ich mir neue Fragen. Die Balken lagen oben am Weg und mussten noch etwa 120 Meter den Hang hinunter an die Baustelle transportiert werden, dabei gab es nach etwa 90 Metern einen Zwischenstopp, denn hier wollten wir die Fräse hinstellen und das Holz vorbereiten. Der Holztransport würde auf jeden Fall sehr viel Kraft und Zeit kosten, aber wir würden sicher eine brauchbare Lösung finden.

Erste Begehung des Grundstücks

Als Nächstes inspizierten wir das Notstromaggregat – doch dieses überzeugte uns nicht. Es brachte nicht die Leistung, die die Fräse zumindest beim Anlaufen benötigen würde. Aber Harry beschwichtigte uns, denn der Besitzer des Gerätes hatte ihm versichert, dass die Leistung genügen würde. Also bezogen wir zunächst unser Quartier. Auf dem Grundstück befand sich im oberen Bereich ein wunderschönes altes Bauernhaus, das aber auch gerade renoviert wurde, also nicht bewohnbar war. Im Vorfeld hatten wir bereits geklärt, dass zumindest Austen und ich jeweils in unseren Autos schlafen würden und für Rapunzel gab es einen kleinen Zirkuswagen, der ebenfalls auf dem Grundstück stand. Den restlichen Nachmittag verbrachten wir damit, das Werkzeug vorzubereiten, damit wir pünktlich am Sonnabend nach dem Frühstück beginnen konnten. Als wir darüber sprachen, gab es die nächste Überraschung. In unseren vielen vorangegangenen Gesprächen hatte ich von Harry erfahren, dass er der protestantischen Freikirche der Siebenten-Tags-Adventisten angehörte. Darüber hatte ich mir bisher keine Gedanken gemacht, denn obwohl ich keiner Religion zugehörig bin, toleriere ich natürlich alle Glaubensrichtungen. Als mein Freund mir in dem Moment eröffnete, dass auch seine ganze Familie der Glaubensgemeinschaft angehörte, war ich also nicht überrascht und fragte ihn, wo das Problem liege. Er erklärte er mir, dass der Sabbat, der siebente Tag der biblischen Zählung, innerhalb der Glaubensgemeinschaft heilig sei und dass an Sabbat nicht gearbeitet werden dürfe. Das musste ich erst einmal verdauen und meinen beiden Mitstreitern erklären. Warum hatte er das nicht früher gesagt? Wir hätten dann einen Tag später anreisen können. Aber mein Ärger verflog bald, es ließ sich sowieso nicht mehr ändern und ich teilte die Neuigkeit Uwe und Austen mit.

Als Harrys Schwester nach dem Abendessen verkündete, dass wir am nächsten Tag einen Ausflug auf den höchsten Punkt des Berges machen würden, war aller Gram verflogen und wir genossen den gemütlichen Abend am Lagerfeuer. Geschichten wurden ausgetauscht, und für die beiden Kinder unserer Gastgeberin musste ich kurz ein Wolfsgeheul erklingen lassen. Tatsächlich bekamen wir eine Antwort von weiter oben aus dem Wald. Die Kinder waren begeistert und es entspann sich eine Diskussion darüber, ob im Wald Wölfe lebten. Ich war der Meinung, dass uns jemand einen Streich gespielt hatte. Später hörten wir dann ein lautes Trommeln, und als ich die Mutter der Kinder danach fragte, erklärte sie mir allen Ernstes, dass sich weiter oben am Berg ein Bordell befinde. Ich konnte es nicht glauben und meine beiden Kollegen prusteten vor Lachen. Ein Puff, das konnte nicht sein, sie aber blieb ernst. In Anbetracht der Abgeschiedenheit, der dünnen Besiedlung des Gebietes und der schlechten Wege glaubte ich eher, dass eine Hippie-Kommune ein Grundstück besetzt hatte, und dachte nicht mehr darüber nach.

Für die Kinder musste ich kurz ein Wolfsgeheul erklingen lassen.

Am nächsten Morgen, nach dem Frühstück, begaben wir uns auf den Weg zum Gipfel, auf dem auch ein Denkmal für fünf Widerstandskämpfer steht, die an dieser Stelle am 1. August 1944 hingerichtet wurden. Der Tag war wunderschön und es war auch ganz angenehm, den Stress der letzten Tage hinter sich zu lassen. Als wir die Hälfte der Strecke absolviert hatten, zeigte unsere Bauherrin auf einen Weg, der vom Hauptweg abzweigte. »Hier geht es hinein«, erklärte sie. »Wohin?«, fragte ich sie. »Na, zum Bordell!«, antwortete sie. Das wollte ich mir genauer ansehen, noch immer war ich fest davon überzeugt, dass in dieser Abgeschiedenheit der ländlichen Naturidylle niemals ein Bordell stehen konnte. Ich überredete die anderen, mich zu begleiten. Schon nach wenigen Metern entdeckten wir rechts und links der Einfahrt kleine Zelte und seitlich geparkte VW-Busse. Die Kulisse schien mir Recht zu geben, hier hatten sich lediglich Hippies niedergelassen.

Wir setzten unseren Weg fort. Vor dem Hofplatz entdeckten wir einen breiten Stoffbanner in Regenbogenfarben. Mit einem flüchtigen Blick las ich den in großen Buchstaben aufgemalten Text: »Welcome Home«. Ich stutzte und blickte ein zweites Mal hoch: »Welcome Homo« las ich nun ganz deutlich. Ich war sprachlos. »Was ist das hier?«, fragte ich mich. Vor uns lag das Hauptgebäude, vor dem sich eine gewölbte Tordurchfahrt befand. Darunter war eine lange Tafel im Schatten aufgebaut, an der ungefähr 20 Männer saßen. Alle Blicke richteten sich auf uns, so wie unsere Blicke ihre trafen. Es war für einen Moment absolut still, niemand bewegte sich, die ganze Situation war irgendwie peinlich. Dann endlich erhob sich von der Stirnseite des Tisches ein schlanker Mann mit weißem, schulterlangem Haar, hob langsam seinen rechten Arm und winkte uns mit einer Bewegung wie in Zeitlupe heran. Er trug ein knöchellanges, eng anliegendes goldenes Kleid, das ihm ein göttliches Aussehen verlieh, so als wäre er aus einem Science-Fiction-Film entsprungen. Wie unter dem Einfluss eines Hypnotiseurs näherten wir uns langsam, und ich konnte sehen, wie Austen mit starrem Blick und leicht geöffnetem Mund ebenfalls nicht richtig zuordnen konnte, was vor sich ging. Auch Uwe schien von der Situation beeindruckt zu sein, Harry lächelte. Ganz anders seine Schwester, die zunächst etwas unbeholfen versuchte, unser plötzliches Auftauchen zu erklären. Sie sagte in einem guten Französisch, dass wir die Nachbarn seien, uns nur mal kurz vorstellen und uns dafür entschuldigen wollten, dass es in den nächsten Tagen auf unserer Baustelle etwas lauter sein würde. Der weißhaarige »Gott« wand sich nun wieder seinen »Jüngern« zu, er habe ein Seminar des Herzens, sagte er, bevor er ging. Wir bekamen dann noch eine Führung durch die Anlage; zunächst in die Küche, wo leicht bekleidete Männer verschiedener Nationalitäten – ein Deutscher war auch dabei – mit Backen und Kochen beschäftigt waren. Es mag sein, dass die spärliche Bekleidung nicht den für uns gewohnten Hygienestandards entsprach, aber sie schienen sich so wohlzufühlen, und offensichtlich hatte keiner ein Problem damit. Anschließend sahen wir das Varieté, eine kleine Bühne

»Welcome Homo«

mit dazugehörenden, reich mit Kleidern ausgestatteten Umkleidebereich in einem der größeren Räume. Auch die Außenanlagen waren sehr gut in Schuss und im gut gepflegten Garten schien das Obst und Gemüse üppig zu gedeihen.

Als unser Rundgang beendet war und wir uns verabschiedet hatten, liefen wir beeindruckt und nachdenklich zwischen den VW-Bussen und Zelten zum Hauptweg zurück, als neben uns plötzlich die Schiebetür eines der bunten Fahrzeuge aufgerissen wurde. »Goededag!«, grüßte freundlich ein schon in die Jahre gekommener Niederländer. Seine spärliche Bekleidung bestand nur aus einem weißen BH und Strapsen und wurde nur durch eine ebenfalls weiße Federboa ergänzt, die auch nicht dafür geeignet war, die vielen und an diversen Stellen befestigten Piercings und die welke Haut zu verbergen. Aber das beabsichtigte er auch gar nicht. Stolz und mit erhobenem Haupt ging er an uns vorbei und ich blickte ihm nach, während er unter dem »Welcome Homo«-Banner hindurchschritt.

»Das ist kein Bordell«, sagte ich. »Die machen nur ihr Ding und wollen einfach in Ruhe gelassen werden.« Als wir unsere Wanderung fortsetzten, redeten wir kaum. Natürlich war ich schon vielen Schwulen in meinem Leben begegnet, trotzdem war das, was ich eben erlebt hatte, zum einen zwar sehr eindrucksvoll, zum anderen aber irgendwie auch befremdlich. Vielleicht lag es daran, dass ich in dieser idyllischen Landschaft nicht damit gerechnet hatte? Das passte irgendwie für mich nicht zusammen. In dem Augenblick wurde mir klar, wie tief verwurzelt Vorurteile in unseren Köpfen sind, vor allem dann, wenn sie – wie bei mir – schon früh in unserer Kindheit gebildet werden. Als ich in der vierten Klasse war, stellte sich heraus, dass der Mann einer sehr beliebten Lehrerin schwul war. Wir wurden vor ihm gewarnt, er wurde als krank und nicht normal bezeichnet. Das brannte sich damals tief in mein Gehirn ein.

Auf dem Gipfel des Berges waren wir bei einem völlig neuen Thema angekommen. In den Vogesen gab es zur Zeit des

Nationalsozialismus einen starken Widerstand gegen die deutschen Besatzer, der auch durch die einfache Landbevölkerung breite Unterstützung fand. Viele der in der Résistance aktiven Frauen und Männer deportierte man, wenn sie gefangen wurden, oder sie wurden unmittelbar hingerichtet. Das Denkmal, das hier errichtet war, sollte an fünf Franzosen erinnern, die an dieser Stelle am 1. August 1944 hingerichtet wurden. Ich war sehr ergriffen, denn ich gehöre zu der Generation, für die Krieg nicht zur eigenen Lebenserfahrung gehört, und ich bin dankbar dafür. Wenn ich in Dokumentationen oder Berichterstattungen sehe, wie achtlos in solchen kriegerischen Auseinandersetzungen mit dem Leben von Menschen, aber auch Tieren umgegangen wird, wie respektlos Kulturgüter, Wohngebäude oder Fabriken zerstört werden, zerreißt es mir jedes Mal das Herz. Ich muss in solchen Fällen an meine Familie und Freunde denken, an meine Blockhütte und bin dankbar für jeden Tag, an dem wir in Frieden leben können.

Ich bin dankbar für jeden Tag, an dem wir in Frieden leben können.

Am Abend, als wir nach dem Essen wieder am Feuer saßen, kreisten meine Gedanken noch lange um die Erlebnisse des Tages, und ich musste darüber lachen, wie unbeholfen wir uns auf dem Anwesen der Homosexuellen verhalten hatten. Später lag ich im Schlafsack in meinem Auto und schlief ziemlich schnell ein, denn Wanderungen im steilen Gelände bin ich als Flachlandbewohner nicht gewohnt. Mitten in der Nacht wurde ich plötzlich wieder wach, als Starkregen auf das Auto niederprasselte. Sofort waren meine Gedanken bei unserem Bauprojekt und ich ahnte Schreckliches für den folgenden Tag. Es gelang mir lange nicht, die sorgenvollen Gedanken zu unterdrücken, und ich lag noch lange wach und versuchte, einen Rhythmus in den metallischen Schlaggeräuschen, die mich an eine Trommel erinnerten, zu finden. Erst als es langsam hell wurde, gewann der Schlaf für eine knappe Stunde und blendete alles aus. Als ich dann die Autotür öffnete, hatte der Regen etwas nachgelassen. Der Himmel wirkte wie ein riesiges Kissen, in einem eintönigen Grau, das sich am Berg, in den Kronen der Fichten, verfangen hatte und schwer über der Landschaft lag. Für einen Moment befürchtete ich zu ersticken, jeder Optimismus erstarb in diesem Augenblick in mir. Ich wünschte mich weit weg von diesem Ort, zurück in die Lausitz. Dann jedoch schüttelte ich mich, zog den Kragen hoch und begab mich mit der Waschtasche unter dem Arm zum Haus hinüber. Bald würde es Frühstück geben und nach einer Tasse Kaffee sah die Welt bestimmt anders aus.

Der große Raum, in dem zwei Tische zu einer langen Tafel zusammengestellt waren, strahlte Gemütlichkeit aus und der Duft nach frischem Kaffee ließ die trüben Gedanken schnell verfliegen. Alle hatten die gleichen Plätze wie am Vortag eingenommen, und da ich an einer der Stirnseiten saß, konnte ich die Tafel gut überblicken. Links von mir hatten Austen und Uwe ihre Plätze und auf meiner rechten Seite saß Harry. Die anderen Plätze am Tisch waren schon von den Familienmitgliedern und Freunden besetzt, die am Vormittag angereist waren und bei der vielen Arbeit der nächsten Tage mit anpacken würden. Wir alle waren um diese Uhrzeit noch nicht besonders gesprächig, und alle schienen auf etwas zu warten, ein Ritual, das die Tafel eröffnete. Ein Tischgebet sollte sicher gesprochen werden, wie schon am Tag zuvor. Bevor es aber dazu kam, sah ich aus dem Augenwinkel, dass Uwe alias »Rapunzel« sich von der Wurst schon eine gehörige Scheibe abgeschnitten hatte und genüsslich darauf kaute. Schnell schickte ich ihm mit erhobenen Brauen einen warnenden Blick hinüber, der auch Austen nicht entgangen war, welcher nun ebenfalls den kauenden Rapunzel grinsend anschaute. Dann blickten beide zu mir, und ich musste wegen der Situationskomik auch in mich hi-

Alle schienen auf etwas zu warten.

neinlachen, zumal allen anderen am Tisch nun ebenfalls der kauende Rapunzel aufgefallen war, welcher inzwischen mit hochrotem Kopf deutlich schneller kaute. Ich senkte den Blick auf meine Knie, jetzt war ich kurz davor, laut loszulachen. Austen erging es ganz genauso. Ein Biss auf die Unterlippe hat mich in solchen Augenblicken schon oft davor bewahrt, nicht aus der Fassung zu geraten, und ich hoffte nur, dass die Situation bald vorüber sei. Für eine gefühlte Ewigkeit war es ganz still, und ich war gerade wieder im Begriff, meinen Biss etwas zu lockern, als Harry plötzlich mit feierlicher Stimme verkündete, dass Austen heute das Tischgebet sprechen durfte. Sofort wich Austen sein Grinsen aus dem Gesicht und er blickte mich hilfesuchend an. Aber von mir war in diesem Moment keine Hilfe zu erwarten, ich stierte auf meine Fußspitzen und biss wieder fester auf meine Lippe. Zuvor hatte ich noch registriert, dass Rapunzel es mir gleichtat. Was wird jetzt passieren, hämmerten meine Gedanken, da ich wusste, dass auch meine beiden Begleiter nicht religiös und mit solchen Ritualen kaum vertraut waren. Wieder war es absolut still, als ich plötzlich spürte, wie mir von der rechten und linken Seite die Hand gereicht wurde. Das Händehalten während des Gebetes gehörte dazu. »Piep, piep, piep, wir ham uns alle lieb, guten Appetit!«, kam es nun von meiner linken Seite. Austen hatte diesen Spruch mit Sicherheit, genau wie ich, das letzte Mal vor einigen Jahrzehnten im Kindergarten vor dem Essen aufgesagt. Nun war alles zu spät, ich konnte mich nicht mehr halten und prustete los, genau wie Rapunzel und Austen. Es war ein intensiver, aber glücklicherweise kurzer Lachflash. Die anderen Anwesenden taten so, als wäre nichts geschehen, und aßen bereits, als mir immer noch das Zwerchfell schmerzte. Nur auf Harrys Gesicht meinte ich ein leichtes Grinsen zu erkenne, als ich kurz zur Seite blickte. Danach ging es endlich an die Arbeit. Doch es sollten weitere Überraschungen auf uns warten.

Vorab hatten wir die Aufgaben so verteilt, dass jeder da eingesetzt wurde, wo er am effektivsten arbeiten konnte. Austen, der Zimmermann, war als unser bester Holzhandwerker mit der Ausführung der Grundkonstruktion beschäftigt. Ihm zur Seite stand ein Helfer aus dem Bekanntenkreis der Bauherrin, der sehr gut mitarbeitete. Uwe wurde an der Balkenfräse eingeteilt, wo ich ihm zur Seite stand. Nebenbei bekleidete ich die Funktion des Bauleiters, schließlich hatte ich alles berechnet und die Hütte geplant. Die anderen waren vorerst damit beschäftigt, alle Balken zur Fräse zu transportieren, wo sie dann aufgearbeitet werden sollten. Bei der ersten Besichtigung des Notstromaggregates war uns schon aufgefallen, dass es nicht mit den geforderten Leistungsparametern aufwarten konnte, und so nahm das Unheil seinen Lauf. Der Anlaufstrom, den die Fräse benötigte, war einfach zu hoch, sodass sie nicht auf Touren kam. Harry versuchte trotz Warnung unsererseits die Maschine wieder und wieder in Gang zu bringen, was schließlich damit endete, dass ein Relais durchbrannte. Nun hatten wir ein echtes Problem. Wir benötigten Ersatzteile und ein stärkeres Aggregat, beides war an einem Sonntag nicht zu bekommen. Ich war nun doch verärgert, dass wir am Sonnabend nicht wie geplant beginnen konnten. Wieder würden wir kostbare Zeit verlieren, denn die Teile, die Harry in Deutschland holen musste, konnten frühestens am Montagabend da sein. Bis dahin würde die Besatzung an der Fräse auch an der Grundkonstruktion arbeiten. An dieser Stelle ging es zügig voran, da Austen sich nicht mit Vorbereitungsarbeiten aufhalten musste, diese übernahmen nun wir. Der Regen war inzwischen wieder stärker geworden und die Arbeit entwickelte sich zu einer regelrechten Schlammschlacht, bei der wir bis an die Knöchel im Matsch versanken. Aber wir kamen trotzdem gut voran und ließen uns die Stimmung nicht verderben. Am Dienstag lief dann auch die Fräse wieder, und

So nahm das Unheil seinen Lauf.

der Dauerregen hatte inzwischen sogar etwas nachgelassen. Den Grundrahmen mit den stehenden Balken hatten wir fertig aufgebaut, und nun musste die Fräse loslegen.

Das Wetter wurde von Tag zu Tag etwas besser und endlich kam der Abend, an dem wir ein Lagerfeuer nicht dazu brauchten, um unsere Sachen zu trocknen – an diesem Abend diente es einzig und allein dem gemütlichen Tagesausklang. Obwohl wir gut vorankamen und inzwischen alle Balken gefräst waren, war klar, dass wir – auch bedingt durch die Verzögerungen – unser Ziel, den Rohbau fertigzustellen, nicht erreichen konnten. Außerdem stand schon wieder der Sabbat vor der Tür, deshalb mussten wir uns etwas einfallen lassen.

Am Abend machte ich dann den Vorschlag, parallel zum Untergeschoss die zweite Etage neben der Fräse aufzubauen. Da der Standort sich etwas unterhalb der Terrasse befand, würde der Abschlussrahmen sich in etwa auf der Höhe der Fläche befinden, auf der die Fräse stand. So begannen Rapunzel und ich, das Obergeschoss zu bauen, das später wieder abgestapelt werden musste, um es einige Meter seitlich davon erneut, diesmal aber direkt auf dem Untergeschoss aufzubauen. Es war offensichtlich, dass der Parallelbau die einzige Möglichkeit war, den Zeitplan zu halten und den Rohbau zu vollenden. Der Aufbau des Obergeschosses konnte dann nicht mehr durch uns realisiert werden. Aber das war kinderleicht, zumal alle Balken von uns so beschriftet wurden, dass sie mithilfe einer angefertigten Skizze auch ohne uns an der richtigen Stelle positioniert werden konnten.

Den zweiten Sabbat konnten wir also deutlich entspannter angehen und wieder wurde ein toller Ausflug für uns organisiert. Wir machten eine Rundreise durch die Region und sammelten einige wunderschöne Eindrücke, die uns später nach Hause begleiten würden und dafür sorgten, dass uns unsere Zeit in den Vogesen nicht nur als Baustelle in Erinnerung bleiben würde.

Dann war es nach nicht einmal zehn Bautagen endlich soweit – der Rohbau war in dem Zustand, dass die Eigentümer die weiteren Arbeiten auch ohne unsere Unterstützung bewältigen konnten. Im Nachhinein war es wirklich eine riesige Herausforderung, die alle Mitwirkenden an ihre Grenzen gebracht hat. Aber schließlich sind die Strapazen schnell vergessen, wenn man am Ende vor dem steht, was man geschaffen hat. Das Glücksgefühl, das sich in diesem Moment einstellt, ist überwältigend und lässt zu Recht Stolz aufkommen. Nachdem wir die Baustelle aufgeräumt und unsere Werkzeuge wieder verstaut hatten, gab es einen Abschlussabend am Lagerfeuer.

Der Rohbau ist geschafft!

Am nächsten Tag fuhren wir zurück nach Deutschland zur Niederlassung von Logosol, um die geliehene Fräse wieder abzuliefern. Hier verabschiedeten sich auch meine beiden Mitstreiter von mir, denn während sie die Heimreise antraten, wartete auf mich noch eine weitere Herausforderung: die Hochzeit meines schwedischen Freundes, bei der ich nun vom Holzbauer zum Fotografen wurde. Es war nicht die erste Hochzeit, bei der ich als Fotograf engagiert war, weshalb ich im Grunde relativ entspannt war. Meine Ausrüstung war professionell und auf der Höhe der Zeit, was sollte schon schiefgehen?

Vom Holzbauer zum Hochzeits-Fotografen

Die Trauung sollte im engsten Kreis der Familie auf der Bodensee-Insel Mainau stattfinden, die Hochzeitsfeier am folgenden Tag auf dem Grundstück des Brautpaares. Die Blumeninsel Mainau ist ein Magnet für viele Touristen und hat noch eine Besonderheit: Sie ist im Besitz des schwedischen Königshauses. Auch das macht sie für viele Besucher attraktiv. Dieser Umstand war auch der Grund für meinen Freund Hendrik, sich an diesem besonderen Ort mit seiner Partnerin zu vermählen. Auch ich war bestens vorbereitet, die Akkus meiner zwei Kameras waren geladen und die Speicherchips frisch formatiert. Ich machte also meine Fotos und war auf der Suche nach besonderen Motiven. Alles lief wie geplant, und ich hatte schon eine Menge Bilder gemacht, denn inzwischen war das Brautpaar schon bereit, sich die Ringe anzustecken – als plötzlich »Error« auf dem Display blinkte. Mir blieb keine Zeit, also nahm ich sofort die zweite Kamera in die Hand. »Das Brautpaar darf sich jetzt küssen«, puh ... alles in der Kiste, noch mal Glück gehabt. Anscheinend hatte sie nur einen kurzen Aussetzer, also kein Problem. Auch im weiteren Tagesverlauf funktionierte alles wieder bestens, und so hatte ich den Zwischenfall schnell verdrängt.

Als wir dann am Abend zurückkamen und das Abendessen vorbereitet wurde, nutzte ich in meinem Zimmer die Zeit, um die Bilder von den Karten zu laden und alles zu sichern. Und da blinkte es wieder »Error«, die wichtigste Karte ließ sich nicht auslesen. Mir wurde kalt und heiß, und ich bekam allmählich Panik, als der Bräutigam nach mir rief und fragte, wo ich denn bliebe. »Komme gleich!«, antwortete ich so sicher wie möglich. Ich war völlig verzweifelt und hätte mich am liebsten in dem Raum eingemauert. Mit zittrigen Händen schob ich wiederholt die Karte in den Slot, so wie ich es zuvor schon mehrfach getan hatte ... Und plötzlich regte sich etwas. Zuerst wollte ich meinen Augen nicht trauen, aber dann erschien der gefüllte Ordner auf dem Monitor. Nun öffnete ich einige Bilder, es schien alles in Ordnung zu sein. Also machte ich gleich noch eine zweite Sicherheitskopie auf der externen Festplatte, man weiß ja schließlich nie. Anschließend verpackte ich die Karte sicher wie ein rohes Ei. Als ich dann endlich beim Abendessen auftauchte, fragte Hendrik besorgt, ob es mir gut ginge, ich wirkte in diesem Moment wohl sehr mitgenommen. »Jetzt ist alles wieder okay«, sagte ich. »Ich brauch jetzt erst mal ein Bier.« Letztendlich war doch noch alles

Und da blinkte es wieder »Error«.

gut gegangen, trotzdem war ich froh, als ich nach diesen zwei Wochen wieder zu Hause war. Es war für mich eine so intensive Zeit, dass ich das Gefühl hatte, fast ein halbes Jahr unterwegs gewesen zu sein. Eins habe ich allerdings dabei gelernt: Aufträge weit entfernt vom Spreecamp sind nicht mein Ding!

WIE ICH VON EINEM BIBER EINS AUFS DACH BEKAM

Jeden Tag begegne ich Wildtieren oder ihren Spuren, die mir bei genauem Hinsehen kleine Geschichten erzählen. Erst neulich, als ich mich ins Auto setzte, entdeckte ich auf der Frontscheibe deutliche Abdrücke von Marderfüßen. Die Steinmarder benutzen mein Fahrzeug mehrmals in der Woche als Rutschbahn und scheinen daran viel Freude zu haben. Unter der Motorhaube meines Autos fand ich sogar schon einmal ein Hühnerei, und als ich einmal ein Mietauto nutzen musste, waren schon nach der ersten Nacht die Kühlwasserschläuche zerbissen. Das liegt daran, dass die kleinen Kobolde fremden Mardergeruch in ihrem Revier überhaupt nicht leiden können. Zumindest wusste ich dann, dass in dem Autohaus, aus dem das Fahrzeug kam, ebenfalls eine Marderfamilie lebte.

Wenn Marder auf dem Auto Rutschbahn fahren.

Andere wilde Bewohner auf dem Grundstück haben sich inzwischen so an unsere Anwesenheit gewöhnt, dass wir uns ihnen bis auf wenige Meter nähern können, ohne dass es sie stört. So sitzen »unsere Eichhörnchen« mitten im Futterhaus, das das ganze Jahr über die hier lebenden oder sich auf der Durchreise befindenden Vögel mit verschiedenen Leckereien versorgt. Wenn man ihm doch zu nahe kommt, zeigt das Eichhörnchen seine Erregung durch abrupte seitliche Schwanzbewegungen, während sich der Körper reglos in einer Beobachtungsposition befindet. Sobald es sich zurückzieht, wird die Futterstelle wieder von den Vögeln okkupiert.

Im Winter befinden sich zumindest zeitweise schon mal über 300 Tiere gleichzeitig an der Nahrungsquelle, 25 verschiedene Arten kann man dann hier antreffen. Die herunterfallenden Körner gefallen wiederum Wald- und Brandmäusen, die sich unter einem Steinhaufen, der sich vor einer Hecke befindet, einquartiert haben. Die kleinen Nager schaffen es auch immer wieder, bis in die Blockhütte vorzudringen, und wir müssen sie in einer Lebendfalle fangen, um sie wieder an die frische Luft zu befördern. Auch eine Spitzmaus, die ja eigentlich keine Maus ist, sondern wie der Igel zu den Insektenfressern gehört, hatte sich schon bei mir im Bücherregal eingerichtet. Natürlich sind in unserer Blockhütte auch Spinnen und unterschiedlichste Insekten zu Gast, wobei gerade die Spinnen meiner Freundin immer einen gehörigen Schreck einjagen. Trotzdem ist uns allen bewusst, dass, wenn man so nah wie wir an der Natur lebt, die Anwesenheit verschiedenster Arten nicht ausbleibt und eher ein Beleg dafür ist, dass die Welt noch halbwegs in Ordnung ist.

Wie schnell wir aber auch mit unseren tierischen Nachbarn, die wir zunächst herbeigesehnt haben, in einen Konflikt geraten können, sehen wir seit einigen Jahren. An dem Tag, als ich die erste Biberfraßstelle etwa 1,5 Kilometer vom Spreecamp entfernt fand, konnte ich es kaum glauben – der Biber war zurück! Über hundert Jahre waren sie hier nicht mehr heimisch, weil unsere Vorfahren sich ihrer entledigt hatten. Inzwischen leben wir in einer anderen Zeit, und der Naturschutz ist zu einem wichtigen Thema geworden, der Erhalt vieler Arten wird sogar besonders gefördert. Es sollte nicht lange dauern, bis die Biber sich auch regelmäßig am Spreecamp sehen ließen, und ich freute mich über jede nächtliche Beobachtung. Einen ersten Dämpfer bekam ich, als ich

Ja, ich liebe die Natur, aber doch bitte nicht so!

eines Morgens mein rituelles Bad in der Spree nehmen wollte und feststellte, dass die vor Jahren von mir liebevoll gepflanzte Trauerweide direkt neben meiner Badestelle zu zwei Dritteln durchgenagt war. »Du wolltest ihn, jetzt hast du ihn«, dachte ich mir, und es fühlte sich fast ein wenig schizophren an. Ja, ich liebe die Natur, aber doch bitte nicht so! Es gibt Regeln in einem Miteinander, so sehen wir das nun mal als Menschen, und das ist natürlich auch nicht falsch. Nur sind es in diesem Fall eben nicht unsere menschengemachten Regeln, sondern die Regeln der Natur, die für alle Lebewesen gleichermaßen gelten, also auch für uns. Ich überlegte also, was ich tun konnte, denn keinesfalls wollte ich, dass die mühevoll gepflanzten Bäume und Sträucher einer nach dem anderen als Biberschmaus enden würden.

Der Trauerweide legte ich zunächst eine Manschette aus einem Stück Maschendrahtzaun um den Stamm, sie konnte die Wunde bald überwallen und hatte den Angriff überlebt. Aber ich wollte und konnte nicht alle Bäume in der Aue mit einer Drahtmanschette verschandeln. Also beschloss ich, als präventive Maßnahme entlang des Ufers Weidenpflöcke einzuschlagen, die bald aufgingen und frische Zweige austrieben. Eine attraktive Ablenkfütterung für meine Biber, die der Weide lediglich Espen, also Zitterpappeln, vorziehen, wie ich eines Tages mit Bedauern feststellen musste. Mein Nachbar mit dem »Sägewerk« im Maul hatte mitten in der Nacht zwei kleinere Pappeln zwischen den Hütten gefällt und sie sauber aufs Dach einer Blockhütte fallen lassen. Das ging mir dann doch eindeutig zu weit, deshalb habe ich den Zugang auf der Seite vom Fluss mit einem Staketenzaun aus trockenem Hartholz verbarrikadiert. Natürlich nur vorübergehend, also genau genommen über den Winter, wenn im Spreecamp keine Gäste sind, im Sommer hält der Biber ohnehin freiwillig Distanz.

Eine Begegnung der besonderen Art hatte ich eher zufällig, als ich an einem heißen Sommertag in meinem Sägewerksschuppen ein kurzes Brett mit einer möglichst passenden Breite heraussuchen wollte. Der ziemlich lang gestreckte Holzbau dient mir von jeher zur Lagerung diverser Baumaterialien aus der Kategorie »Das kann man noch einmal gebrauchen«, und so sammelte sich mit der Zeit einiges an. Neben Brettern und Leisten lagerte ich auch Kisten und Pappkartons mit Teilen für das Sägewerk, sogar einige Säcke mit Hobelspänen für die Komposttoiletten waren abgestellt. Regelmäßig wurde der Ort von Mardern, Igeln und anderen Tieren besucht, was ich an den Markierungen der einzelnen Besucher erkennen konnte. Einmal stieß ich in einem Sack mit Spänen sogar auf ein Spitzmausnest mit vielen Jungen. Den Schuppen betrat ich nicht so häufig, was ihn als Rückzugsraum für die eine oder andere Tierart noch attraktiver machte. Im hinteren, etwas dunkleren Teil befand sich ein stabiles Regal, das mit Pappkartons belegt war, daran angelehnt standen die Bretter, die für mich infrage kamen. Als ich gerade dabei war, ein Brett aus der Mitte herauszuziehen, bemerkte ich über meinem Kopf ein Geräusch, das mich kurz innehalten ließ. Nein, das konnte nicht sein, ich hatte mich sicher getäuscht! Ich suchte weiter. Doch, da war es wieder, diesmal konnte ich es deutlich und auch intensiver vernehmen. Es war ganz eindeutig das warnende Fauchen einer Schlange. Diese Tiere sind mir im Grunde sehr vertraut, denn ich hatte mich in meiner Jugend sehr für Reptilien interessiert, vor allem Schlangen faszinierten mich. Der damals in meinem Heimatdorf Groß Särchen lebende Kantor war ein begeisterter Herpetologe und Terrarianer. Das hatte sich rumgesprochen, denn das war in der damaligen Zeit kein gewöhnliches Hobby und machte mich als Kind neugierig. Schon bald meldete ich mich für die Christenlehre (so nannte man bei uns den Konfirmationsunterricht) an, denn ich hatte von einem Schulfreund erfahren, dass man dabei hin und wieder die Tiere des Kantors sehen durfte. Irgendwann fragte er mich, warum

Eine Begegnung der besonderen Art

ich käme, und ich antwortete ehrlich, dass Jesus nicht der Grund war. Erleichtert nahm ich sein Angebot an, ihn zu besuchen und die Schlangen anzusehen, ohne mich intensiver mit der Bibel beschäftigen zu müssen. Später begleitete ich ihn bei seinen Ausflügen in die Lausitzer Kreuzotterreviere und lernte eine Menge über diese Tiere.

Während ich noch immer im Schuppengebäude stand, hörte ich abermals das laute Fauchen, sicherheitshalber war ich zunächst einen Schritt zur Seite gegangen, damit ich die Lage genauer untersuchen konnte. In meinen Gedanken ging ich verschiedene Möglichkeiten durch, kam aber zu keinem befriedigenden Ergebnis. Blindschleichen waren bislang die einzigen Reptilien, die hier auftauchten, die fauchen aber nicht, dafür sind sie viel zu klein, sie können auch nicht klettern. Im Regal musste eine wesentlich größere Schlange liegen, das konnte ich durch meine Erfahrungen sehr gut einschätzen, denn ich hielt viele Jahre lang Schlangen im Terrarium. Auch Arten, die ich heute nicht mehr in meiner Wohnung halten würde, denn viele von ihnen waren hochgiftig. Damals, vor 40 Jahren, machte ich mir darüber kaum Gedanken, was vielleicht auch daran lag, dass ich als Jugendlicher Gefahren generell noch unterschätzte. Für einige Wochen hatte ich vorübergehend sogar eine afrikanische Puffotter, da der Kantor leider verstorbenen war, und ich sie pflegen sollte, bis sich ein geeigneter Halter fand. Diese sehr giftige Viper ist in Afrika weit verbreitet und wird auf dem Kontinent für die meisten Bissfälle verantwortlich gemacht, allerdings warnt sie, bevor sie zubeißt, mit einem deutlich vernehmbaren Fauchen, ähnlich dem, welches sich aus dem Regal gerade wieder vernehmen ließ.

Eine Puffotter in meinem Regal? Völliger Quatsch, sofort verwarf ich den Gedanken, die Tiere leben auf dem Boden, und da sie eher gedrungen und massig sind, können sie nicht klettern. Ganz anders als zum Beispiel Bambusottern, die ich früher auch lange im Terrarium gehalten hatte. Diese Grubenotter kann ausgezeichnet klettern, im Terrarium hatte ich sie aber nie fauchen hören. Wieder überlegte ich: eine Kobra etwa? »Was für ein Blödsinn«, dachte ich, warum fallen mir nur Exoten ein ... Diese übertriebene Vorsicht war das Resultat einer gehörigen Portion Respekt vor Tieren, die ich früher völlig unterschätzt hatte und deren Haltung im Terrarium ich heutzutage – zumindest unter den Bedingungen, wie sie damals bei mir herrschten – strikt ablehnen würde. Die Terraristik hat sich inzwischen zu einem beliebten Hobby entwickelt und man muss wissen, dass einige Tierfreunde sehr wenige Kenntnisse über ihre Pfleglinge haben. Immer häufiger werden Tiere gefunden, die abgehauen sind oder bewusst in die Freiheit entlassen werden, wenn sie zu groß werden oder das Interesse nachlässt.

Eine Kobra etwa?

Meine ersten Gedanken waren zumindest nicht völlig abwegig. Ein Python oder eine Boa waren da schon eher möglich, aber in unserem kleinen Dorf hätte es sich bestimmt herumgesprochen, wenn jemand eine Riesenschlange gehabt hätte, zumal ich bei vielen Dorfbewohnern als Experte für Schlangen galt. In diesem Jahr hatte es auch kein Sommerhochwasser gegeben, sodass es das Tier auch nicht über die Spree hierher verschlagen haben konnte. An meiner Badestelle konnte ich lediglich mal für einige Tage eine nordamerikanische Schmuckschildkröte beobachten.

Nach all diesen Überlegungen blieb nur noch eine Möglichkeit: Die »Kobra« in der Kiste konnte nur eine harmlose Ringelnatter sein. Es war die einzige Art, die am Ufer der Spree einen geeigneten Lebensraum hatte. Weibliche Tiere konnten auch eine stattliche Größe erreichen, eine wichtige Voraussetzung für das Fauchen, denn sie muss dazu genügend Luft einatmen, um sie wieder auszupressen, und der Körper ermöglicht durch sein Volumen die nötige Resonanz. Kleinere Schlangen fauchen zwar auch, das klingt aber ganz anders, eher wie ein Zischen. Sicherheitshalber bewaffnete ich mich mit einer Leiste – für den Fall, dass es doch keine Ringelnatter war – und hob damit die zugeklappten Deckflächen des Kartons etwas an. Das Geheimnis war gelüftet: Ein wunderschönes Ringelnatterweibchen lag in der Kiste – das eine beachtliche Größe hatte. Es war eine der größten Ringelnattern, die ich jemals gesehen hatte. Anhand ihres Körperumfanges vermutete ich, dass sie über einen Meter lang sein musste, aber ich wollte sie nicht weiter beunruhigen und zog mich aus dem Schuppen zurück. Meine Freude über die erste Ringelnatter sollte aber nicht lange währen, denn etwa eine Woche später wurde mir das erschlagene Tier stolz von einer Nachbarin präsentiert. Mich machte das traurig, da die Tiere völlig harmlos sind und bei meinen Vorfahren, der sorbischen Bevölkerung, großes Ansehen genossen. Im Spreewald wurden sogar Abschlussbretter an den Giebelseiten der Schrotholzhäuser angebracht, die eine gekrönte Schlange darstellten, welche als Glückssymbol galt. Das tote Tier wurde von mir vermessen und es war mit 1,15 Metern Länge die größte Ringelnatter, die ich je gesehen hatte. Was für ein Verlust, denn es war ja noch dazu ein weibliches Tier, das sicher im Spänehaufen einen wunderbaren Eiablageplatz gefunden hätte.

Als im Laufe des Jahres immer mal wieder eine junge, im selben Jahr geschlüpfte Ringelnatter im Spreecamp auftauchte, war ich mir sicher, dass es Nachkommen der schönen Schlange waren. Die Ringelnattern gehörten nun ebenfalls zum Camp dazu, wie auch die vielen anderen Tiere, die vor ihnen hier schon ein neues Zuhause gefunden haben. Ich entdeckte im Spänehaufen sogar schon Gelege, und mit der Zeit wurde der Haufen zum attraktiven Eiablageplatz, den inzwischen übrigens zum selben Zweck auch die seltenen Nashornkäfer aufsuchen. Außer Ringelnattern und Blindschleichen begegnete ich nur noch einmal

Die Ringelnattern gehörten nun ebenfalls zum Camp dazu.

einer Glattnatter, weitere Reptilien haben sich noch nicht eingefunden. Da der Lebensraum ständig weiter optimiert wird, ist es nur noch eine Frage der Zeit, wann die ersten Zauneidechsen auftauchen werden.

Auch eine Hirschkuh hatte die Spree im Winter durchquert, ebenso wie ein Wildschwein, das einmal auf der Streuobstwiese stand. Vor meiner Blockhütte konnte ich schon einen Feldhasen entlanghoppeln sehen, auch Rehe waren schon zu Gast. Der Wolf lebt seit etwa zwanzig Jahren wieder in unserer Region, doch er ist sehr viel vorsichtiger und hat sich bis jetzt nur einmal bis unmittelbar vor mein Eingangstor getraut. Sicherlich wollte er meinen Schafen einen Besuch abstatten, die in der Nacht aber immer im Stall untergebracht waren. Mehrfach konnte ich auf unserem Komposthaufen ein Hermelin bei der Mäusejagd beobachten, auch der Fischotter lässt sich ab und zu blicken.

Liška, die Füchsin

Zur Weihnachtszeit im letzten Jahr tauchte Liška plötzlich bei uns auf, eine junge Füchsin. Wir haben sie nach ihrem sorbischen Namen benannt. Füchse sind wunderschöne Tiere, die aber sehr vorsichtig sind und nicht grundlos in der Nähe des Menschen auftauchen. Zu Recht warten sie darauf, den einen oder anderen Leckerbissen zu ergattern. Solange es sich dabei um Abfälle auf dem Kompost und Mäuse, die ebenfalls dadurch angelockt werden, handelt, ist das kein Problem. Man sollte aber nie versäumen, den Hühnerstall pünktlich zu verschließen, sonst kann es am nächsten Tag schnell ein böses Erwachen geben. Als ich an einem Abend noch lange in meiner Werkstatt zu tun hatte, die sich neben meinem Hühnerstall befindet, sah ich, dass die Luke des Stalls noch offen war. Da ich mich nur wenige Meter daneben aufhielt, wähnte ich die Hühner in Sicherheit. Doch dann vernahm ich ein aufgeregtes Gackern und da sah ich den Fuchs, der mich durch die Luke ansah – so viel Frechheit hätte ich ihm nie zugetraut! Glücklicherweise ist auch nichts weiter passiert, er machte sich noch in diesem Moment unverrichteter Dinge aus dem Staub. Trotzdem lässt es sich nicht vermeiden, dass das eine oder andere Huhn durch den Fuchs geholt wird, aber das passiert nur durch unser eigenes Verschulden – der Fuchs tut nur das, was er zum Überleben eben tun muss.

Außer den vielen wilden Tieren, die inzwischen bei uns wohnen oder uns zur Nahrungsaufnahme besuchen, möchte ich noch eine Art erwähnen, die sich aus eigener Kraft hier nicht mehr ansiedeln wird – den Steinkauz, früher ein typischer Vertreter der ländlichen Siedlungsräume, auch in der Lausitz. In einer Zeit, in der auf Höfen noch Tiere gehalten wurden und in den Gärten statt Ziergehölzen und Rasenflächen noch alte hochstämmige Obstbäume und artenreiche Wiesen angepflanzt wurden, lebte die kleine Eule in unserer Nachbarschaft. Damals hatte man oft ein sogenanntes Eulenloch im Hausgiebel, da man wusste, dass der Steinkauz – aber auch die Schleiereule – lästige Nager verscheuchen, die sich über eingelagertes Getreide hermachen. Die Bedingungen wurden für die Steinkäuze immer schlechter, die Tiere verschwanden aus den Dörfern, mit ihnen auch die Blauracke und der Wiedehopf, die ähnliche Ansprüche an den Lebensraum haben und sich wie der Steinkauz von Großinsekten ernähren. Inzwischen haben sich aber einige Voraussetzungen deutlich verbessert, sodass zumindest der Wiedehopf an vielen Stellen wieder anzutreffen ist. Er schaffte die Rückkehr fast aus eigener Kraft, Naturschützer stellten lediglich geeignete Nistkästen bereit. Ganz anders schaut es da beim standorttreuen Steinkauz aus, der nicht wie der Wiedehopf große Strecken zurücklegt und kaum neue attraktive Brutgebiete erschließen kann. Der Nachwuchs siedelt sich auch meist neben den Brutrevieren der Eltern an. Dabei kann es zu einer größeren Besiedlungsdichte kommen, wenn das Nahrungsangebot stimmt und ausreichend Bruthöhlen zur Verfügung stehen. Eine erneute Besiedlung von Lebensräumen ist nur möglich, wenn es in der Nähe noch Steinkäuze gibt oder sie durch den Menschen wieder angesiedelt werden. Solche Projekte müssen gut vorbereitet werden, und auch hier ist klar, dass erst geeignete Gebiete gefunden werden müssen, da sonst alle Bemühungen zum Scheitern verurteilt sind. Das zukünftige Revier muss mit Nisthöhlen bestückt werden, die nicht einzeln und wahllos im Gelände aufgehängt werden, sondern nach Möglichkeit immer drei Röhren in unmittelbarer Nähe, denn sie benötigen Schlafplätze, Brutröhren und Nahrungsdepots, in denen sie Vorräte anlegen. Wenn man Steinkäuze auswildern möchte, sollte das immer paarweise und am besten im Frühjahr passieren, damit die Tiere einen optimalen Start haben. Außerdem ist es wichtig, dass sie lernen, selbst zu jagen, bevor man sie in die Freiheit entlässt. Man braucht bei solchen Projekten schon einige Vorkenntnisse und nach Möglichkeit geeignete Partner wie Landwirte, Gartenbesitzer, andere Flächeneigentümer. Der Naturschutzbund und die Naturschutzbehörde sollten ebenfalls einbezogen werden. Da die Steinkäuze streng geschützt sind, benötigt man, wenn man sie bei einem Züchter erwirbt, Papiere, die ihre Herkunft nachweisen. Sie müssen auch bei der Naturschutzbehörde angemeldet werden.

Steinkäuze liegen mir seit jeher besonders am Herzen. 2002 konnte ich in Hessen meinen ersten Steinkauz in freier Natur sehen – solche Beobachtungen sind leider immer selten – und das Erlebnis war ein ganz besonderes Highlight. Eigentlich wollte ich mich selbst an einem Auswilderungsprojekt beteiligen, was ich aber aus Zeitgründen Jahr für Jahr verschieben musste. Einer meiner Freunde, der selbst Steinkäuze züchtet, hatte mir mehrfach auch Tiere aus seiner Nachzucht angeboten. 2022 war es endlich so weit und ich konnte eine Voliere bauen, die den Bedürfnissen der Käuze entsprach. Sie steht heute neben meiner Blockhütte und ich

Athene und Noctua, die beiden Kauz-Damen

kann Athene und Noctua, wie meine Tochter die beiden Käuze getauft hat, von meinem Bürofenster aus beobachten. Während ich an diesem Buch schreibe, sind die Tiere mit der Balz beschäftigt, und wer weiß, vielleicht gibt es in dieser Region bald wieder Steinkäuze.

Wir können aktiv darauf einwirken, dass es in unserem Umfeld wieder mehr Tiere gibt, denn viele Arten haben ein Riesenproblem: Sie haben Wohnungsnot. Manchmal muss man gar nicht viel unternehmen, um für bestimmte Tiere einen Unterschlupf oder eine Nistgelegenheit zu schaffen. Wie bereits erwähnt lassen sich durch Pflanzungen wie eine Teichanlage, Steinhaufen und Ähnliches viele Naturbewohner anlocken. Zuerst aber sollte man sich darüber informieren, welche Maßnahmen am jeweiligen Standort überhaupt Sinn ergeben. Es geht darum herauszufinden, ob überhaupt die Chance besteht, dass bestimmte Tiere zuwandern, oder ob sie vielleicht schon im Gebiet sind. Es nützt also nichts, wenn man zum Beispiel eine Nisthilfe für Weißstörche aufstellt, aber mitten im Fichtenwald wohnt, denn der Lebensraum ist für den Weißstorch völlig ungeeignet.

Wie man den richtigen Nistkasten findet

Zudem ist nicht jeder Nistkasten geeignet. Die bunten Dinger aus dem Baumarkt mit oft ausgefallener Gestaltung entsprechen meistens nicht den Ansprüchen der Tiere. Das liegt zum Beispiel an den verwendeten Materialien, die oft ungeeignet oder gar schädlich sind. Die Größe ist zumindest bei einigen auch nicht ausreichend. Auch lassen sie sich nicht öffnen, um sie zu reinigen, oder sie sind fehlerhaft verarbeitet, die Öffnungen sind falsch platziert oder zu klein und vieles mehr. Die kostengünstigste Variante ist, sie selbst aus Holz zu bauen. Anleitungen dafür, mit weiteren Angaben zu den Bewohnern, gibt es im Internet. Beim Anbringen sollte man immer darauf achten, dass die Himmelsrichtung stimmt und das Häuschen nach Osten oder Süden ausgerichtet ist. Wer nicht selbst bauen möchte, findet im Internet auch gute Angebote für Kästen aus Holz oder Holzbeton.

Das zweite Beispiel sind Insektenhotels aus den Baumärkten. Sie sind ebenfalls oft nicht geeignet, die Gründe dafür sind ähnlich wie die bei den Nistkästen. Auch dafür gibt es viele geeignete Anleitungen im Internet. Wenn man speziell etwas für Wildbienen tun möchte, reicht es oft schon aus, ein Stück Hartholz mit verschieden großen Löchern zu versehen, die zwei bis drei Zentimeter tief in das Holz gebohrt werden sollten, am besten mit einer minimalen Neigung, sodass kein Regenwasser hineinlaufen kann. Die Hölzer können an einer Wand, die nach Süden ausgerichtet ist, aufgehängt werden.

Ein Gartenteich ist nicht nur ein Blickfang, sondern ein von vielen Arten genutztes Kleinbiotop. Hier gilt: je größer, desto besser. Doch auch kleine Teiche sind wertvoll. Die beste Variante ist ein Naturteich, der aus Naturmaterialien gebaut wird. Man kommt nicht darum herum, sich professionelle Hilfe zu holen, die Kosten sollten auch nicht unterschätzt werden. Auch ein Folienteich ist eine wertvolle Ergänzung für den Naturgarten, und selbst ein Miniteich, der aus einem im Baumarkt erhältlichen Kunststoffbottich (eigentlich für das Mischen von Beton gedacht) besteht, kann verwendet werden. Alle Teiche sollten natürlich bepflanzt werden, und es sollten nach Möglichkeit immer Zonen mit unterschiedlichem Wasserstand vorhanden sein. Zur Not kann man in einem Bottich eine Insel aus Ziegelsteinen stapeln, die nur leicht mit Wasser bedeckt ist und für Vögel zum Baden genutzt werden kann. Auf keinen Fall gehören Goldfische oder Kois in einen solchen Teich, am besten ist es, wenn man generell auf Fische verzichtet, denn sie fressen oft Amphibienlaich, Larven und Wasserinsekten. Wer nicht darauf verzichten möchte, kann Moderlieschen einsetzen. Meist werden sich Grünfrösche ansiedeln, das sollte man immer im Hinterkopf behalten,

Was bei einem Teich zu bedenken ist

denn sie können sehr laut werden und wenn deshalb Ärger mit der Nachbarschaft entsteht, kann die Sache schnell nach hinten losgehen und sich zu einem Rechtsstreit entwickeln. Im schlimmsten Fall muss dann der Teich wieder zurückgebaut werden.

Man könnte an dieser Stelle noch viele weitere Beispiele aufführen, beispielsweise für den Umgang mit Igeln, Fledermäusen, Reptilien und so weiter. An dieser Stelle nur noch ein grundsätzlicher Tipp. Eins kann man immer tun, wenn es darum geht, bauliche oder gestalterische Veränderungen vorzunehmen: Man sollte genau überlegen, ob diese Maßnahmen den wilden Bewohnern nutzen oder schaden könnten. Wenn man diese Überlegungen einbezieht, werden sich auch immer Lösungen finden, egal ob im Internet, in geeigneter Literatur, Vereinen oder in der Nachbarschaft. Irgendwo wird man Hilfe finden. Diese Überlegungen sollte man auch vor der Anschaffung von Gartengeräten anstellen. Eines kann ich auch nicht oft genug betonen: Laubbläser und Rasenroboter gehören auf keinen Fall in einen naturnahen Garten, diese Geräte sollte man sogar verbieten.

PUTIN, DER AUF DEM SCHORNSTEIN SASS

Viele Menschen, die auf dem Land leben und ein Grundstück besitzen, das neben der Baufläche noch weiteren Platz bietet, haben das Bedürfnis, einen eigenen Garten anzulegen. Wenn das Grundstück auch noch die Möglichkeit bietet, Tiere zu halten, steht diesem Traum eigentlich nichts mehr im Wege – sollte man meinen. Auch wir hegten lange den großen Traum, als Selbstversorger zu leben, mit allem, was dazugehört. Leider mussten wir schnell feststellen, dass es zur Umsetzung dieser Pläne vor allem eins braucht: Zeit. Zeit ist der entscheidende Faktor für alles, was in der Natur passiert. Und wer meint, ein Garten oder Tierhaltung könnten nebenherlaufen, der irrt gewaltig. Obwohl ich es selbst besser hätte wissen müssen, denn schließlich bin ich auf dem Land aufgewachsen, hatte ich meine eigenen Vorstellungen und glaubte lange, dass es auch einfacher gehen müsste. Permakultur war das Zauberwort, da geht alles ganz von allein. Also steckten wir Kartoffeln, pflanzten Kohlrabi, Möhren und diverse andere Pflanzen, obwohl wir nicht viel Zeit hatten, denn es gab noch viele Baustellen, um die wir uns kümmern mussten. Zudem lief das Camp nicht ohne Betreuung einfach von selbst und mein eigentlicher Job als Naturführer war ebenfalls sehr zeitaufwendig.

Der Traum vom eigenen Garten

Es kam, wie es kommen musste: Die Ernte hielt sich sehr in Grenzen, um nicht zu sagen, sie war ein Desaster. Wir hatten eine Menge Kartoffeln gesteckt, etwa zwei Wassereimer voll, doch ernten konnten wir lediglich einen halben Wassereimer. Den Rest fraßen die Wühlmäuse. Die Natur schien sich gegen uns verschworen zu haben. Was die Wühlmäuse nicht fraßen, fraßen die Spanischen Wegschnecken, sie ließen nur das liegen, was vertrocknet war, denn es war wie so oft im Sommer sehr warm.

Die Ernte war ein Desaster.

Dazu kam noch, dass das Grundstück nicht gerade auf fruchtbarem Boden liegt, wenige Zentimeter unter der Oberfläche befindet sich nur Sand. Wenn man also wirklich Erträge haben möchte, die einen wesentlichen Beitrag zur Küche beisteuern, muss man schon einiges an Zeit und Energie investieren. Zunächst muss Humus aufgebaut werden, das kann eine Weile dauern, ist aber unbedingt erforderlich. Dann sollte man, um Wühlmäuse und Nacktschnecken im Zaum zu halten, besser Hochbeete anlegen und zu guter Letzt müssen die Pflanzen regelmäßig mit ausreichend Wasser gegossen werden. Allerdings kann man das unter Umständen vernachlässigen, wenn der Boden ausreichend gemulcht wird. Damit das Wasser nicht so schnell verdunstet, legt man um die Pflanzen Grasschnitt, Heu oder Stroh aus. Doch leider mussten wir nach zwei Jahren aus Zeitgründen den Gemüsegarten wieder aufgeben. Meine Freundin werkelt nach Möglichkeit rein zur eigenen Freude nach wie vor ein wenig herum, ohne sich davon große Erträge zu erhoffen, und so pflanzt sie eher Blumen und Kräuter statt Gemüse.

Auch in der Tierhaltung haben wir uns versucht, und damit waren wir wesentlich erfolgreicher. Für die Pflege unserer Streuobstwiese bekam ich von einem befreundeten Schäfer drei ältere Schafe, die eigentlich zum Jahresende geschlachtet werden sollten, aber bei uns diesem Schicksal entgingen. Die

Tiere waren erst sehr scheu und wir konnten uns ihnen kaum nähern, denn sie waren das Leben in der Herde gewohnt. Wir mussten die Tiere lediglich mit Wasser versorgen, sodass ich sie aufgrund meiner Bautätigkeit im Camp nur selten zu Gesicht bekam. Sie lebten schon einige Zeit bei uns auf der Wiese, als mich meine Freundin eines Tages rief, um mir etwas zu zeigen. Sie stand mit unserer zweieinhalbjährigen Tochter auf der Streuobstwiese, und ich konnte kaum glauben, was da vor sich ging: Die Schafe näherten sich mit gesenkten Köpfen langsam unserem Kind und dann stand ein Schaf plötzlich Stirn an Stirn mit der Kleinen auf der Wiese. Es war ein verrücktes Bild!

Wie die Schafe Polly, Pucki und Pia bei uns einzogen.

Von nun an hießen die drei Schafe Polly, Pucki und Pia. Obwohl sie schon so alt waren, lebten sie noch einige Jahre, bis zu ihrem natürlichen Tod, bei uns. Pia verließ uns im Herbst, im Frühling darauf starb Pucki, die ich beide auf der Koppel begrub. Polly sollte aber nicht allein bleiben, Schafe fühlen sich allein nicht wohl. Als ich zwei Tage nach Puckis Tod gerade einen Freund überzeugt hatte, sie zu seinen Schafen zu nehmen, starb auch sie. Das Verrückte war aber, dass sie sich zum Sterben genau auf Puckis Grab gelegt hatte. Ich traute meinen Augen kaum, als ich das sah, sie lag wirklich exakt an jener Stelle, obwohl das Gelände sehr groß ist. Das stimmte mich sehr nachdenklich.

Caruso, unser Hahn, ist ein wahrer Gentleman.

Gleich nachdem ich meine erste Hütte gebaut hatte, baute ich auch einen Hühnerstall, denn ich finde, Hühner gehören einfach dazu. Es gibt nichts Besseres als Spiegeleier mit Vollkorntoast und einer Tasse Milchkaffee zum Frühstück. Allerdings müssen für mich die Eier von eigenen Hühnern kommen. Schon seit Jahren habe ich kein Ei aus einem fremden Hühnerstall mehr gegessen. Der Stall für unsere Hühner und den Hahn steht direkt neben unserer Blockhütte, und die Tiere haben auf dem ganzen Gelände freien Auslauf. Sie werden lediglich mit etwas Weizen zugefüttert, ansonsten bietet ihnen die Natur alles, was sie brauchen – und so schmecken auch die wunderbaren Eier. Alle unsere Hühner sind sehr zutraulich und werden von uns liebevoll behandelt, alle sterben eines natürlichen Todes. Es sind wunderbare Tiere, die ziemlich klug sind, und sie wissen immer, wo es einen besonderen Leckerbissen zu holen gibt. Eins der Hühner hat sich angewöhnt, regelmäßig im Haus nachzuschauen, ob etwas Leckeres im Hundenapf liegt. Dabei geht es ganz vorsichtig zu Werke. Es schaut erst um die Ecke, ob die Luft rein ist, und wenn es sich unbeobachtet fühlt, macht es sich über das Futter her. Unsere Hühnerschar ist übrigens immer eine bunt zusammengewürfelte Truppe, in die auch öfter Tiere übernommen werden, die bei anderen im Topf gelandet wären. Wir haben Italiener, braune Leghorn, Königsberger, Kreuzungen aus verschiedenen Rassen, sogar ein Seidenhuhn ist dabei, dessen Federn fast wie Fell aussehen. Das führte sogar einmal dazu, dass ein Kaninchen immer wieder die Nähe des Seidenhuhns suchte, da es in ihm wohl einen Artgenossen erkannt hatte. Caruso, unser Hahn, ist der Liebling der Hühnerschar, und ein wahrer Gentleman, für seine Hennen spürt er so manche Leckerei im Garten auf. Seinen Vorgänger Arminius ereilte ein merkwürdiges Schicksal, und hätte ich nicht mit Jürgen danebengestanden, hätte ich es nicht geglaubt. Ich hatte gerade den Hühnerstall geöffnet, während wir eine Arbeit besprachen, die wir gemeinsam erledigen wollten. Die Hühner um uns herum pickten ihre Körner. Der Hahn war anderweitig beschäftigt, er balzte vor einer Henne und bot ihr einen Leckerbissen an, um dann unmittelbar danach auf ihren Rücken zu steigen und sie zu begatten. Plötzlich fiel der Hahn seitlich vom Huhn herunter, streckte sich noch einmal und war tot. Wir konnten es nicht fassen, aber es war direkt zwei Meter vor unseren Füßen geschehen. Nach einer Weile sagte Jürgen, dass der Hahn den schönsten Tod hatte, den man sich wünschen kann. Ich sah ihn nur an und antwortete nicht. Es bleibt zu hoffen, dass Caruso ein längeres Leben hat, denn Arminius wurde höchstens zwei Jahre alt. Aber auch Caruso hat es nicht immer ganz leicht, denn unsere Hündin Tinka beobachtet sein Verhalten ganz genau. Tinka mag keinen Streit, nicht bei Menschen und auch nicht bei Tieren, sie versucht in solchen Situationen stets die Streitenden voneinander zu trennen. Bei Caruso und der Hühnerschar kommt es aber ständig zu Missverständnissen, denn wenn Caruso auf der Henne seiner Pflicht nachkommt, um für Nachwuchs zu sorgen, eilt Tinka sofort herbei und trennt die beiden. Für sie sieht die Sache nicht nach einvernehmlichem Sex aus und sie kickt den Hahn immer mit ihrer Schnauze von der Henne, wenn sie in der Nähe ist.

Mehrere Jahre lang hatten wir in unserem Tierbestand auch Bronzeputen, eine Vogelart, die aus Nordamerika stammt und damit fantastisch in unser Blockhauscamp passte, was mir auch mehrfach von Gästen aus den USA bestätigt wurde. Diese Besucher waren immer sehr erstaunt, wenn Tiere, die bei ihnen in freier Wildbahn vorkamen, bei uns im Camp als zahme Haustiere lebten. Die Puten hatten, wie alle unsere Haustiere, Namen. Das weibliche Tier hieß ganz unspektakulär Erna, den Puter taufte ich auf den Namen Wladimir Putin. Zum damaligen Zeitpunkt konnte ich noch nicht absehen, welche Gräuel man später mit diesem Namen in Verbindung bringen würde. Ein Grund für die Namensgebung war zum einen die Ähnlichkeit zu Puter, andererseits aber auch das Auftreten des Tieres bei der Balz. Während dieser Zeit präsentierte sich Putin gern in einer Art, die große Ähnlichkeiten mit der des von sich sehr eingenommenen Politikers hatte. Meist kam unser Wladimir Putin als aufgeblasener Gockel daher, wobei das bei ihm durch die Natur vorgegeben war und durchaus Sinn ergab. Er war

Nicht selten übernachtete Putin auf dem Schornstein unserer Blockhütte.

ständig präsent und auch eine beeindruckende Erscheinung, schon wegen seiner Größe und der lauten Stimme. Einige Gäste hatten sogar Angst vor ihm, doch das hatten sie sogar vor seiner dagegen harmlos wirkenden Frau Erna und ihren Jungen. Meine damals zweieinhalbjährige Tochter hingegen, die nicht viel größer als Putin war, saß regelmäßig im Sandhaufen, umringt von der Putenfamilie, und spielte in Ruhe mit ihren Backformen. Einmal auch zum Erstaunen einer besorgten Mutter, die mit ihrem schreienden Kind auf dem Arm – das beim Anblick der friedlichen Tiere eine Panikattacke bekam – besorgt auf mich einredete, warum ich denn keine Angst um meine Tochter hätte. Die wiederum hatte bemerkt, dass es um sie und die Puten ging, und versuchte der Frau in ihrer kindlichen Art zu erklären, dass man vor dem »Blubblub« – so nannte sie ihn wegen seiner Stimme – keine Angst zu haben braucht. Trotzdem bekam auch ich das Gefühl, dass Putin mit der Zeit immer selbstbewusster wurde. Nicht selten übernachtete er auf dem Schornstein unserer Blockhütte, und es machte ihm nichts aus, wenn meine Freundin auf unserer Küchenhexe das Abendessen vorbereitete und Putins »Thron« in Rauchschwaden gehüllt wurde. Mit geschwollener Brust stand er da, während er laut seine blubbernde Stimme erschallen ließ. Doch Putins Verhalten wurde mehr und mehr aggressiv, auch wenn sich seine Aggression nur gegen Männer richtete, Frauen und Kindern schenkte er recht wenig Aufmerksamkeit. Putins Auftritte waren nur erfolgreich, wenn sein Gegenüber Schwäche zeigte oder aus Unwissenheit stark beeindruckt war und die Flucht ergriff. Wenn man sich ihm in den Weg stellte, war er nach wie vor harmlos, er verhielt sich sogar eher wie ein Feigling, der regelmäßig von unserem Hahn Caruso verprügelt wurde, wenn er diesem zu nahekam. Das war für mich immer erstaunlich, zumal Caruso so viel kleiner war als Putin. Mit der Zeit bekam ich das Gefühl, dass der Truthahn seinen Frust über die verlorenen Schlachten erst recht und immer öfter an meinen Gästen ausließ. Vor allem ein befreundeter Naturfilmer aus Holland, der oft gedankenversunken über den Platz lief, wurde heimtückisch von ihm attackiert. Das brachte das Fass zum Überlaufen und wir entschieden, dass Putin und Erna gehen mussten. Sie wanderten nach Brandenburg aus, wo Putin auf einem Bauernhof weiterhin sein Unwesen trieb.

Doch was wäre unser Camp ohne Hund und Katze? Tinka ist eine Labrador-Mischlingshündin und ein sehr außergewöhnlicher Hund, was ihre Fähigkeiten angeht. Eigentlich hatte ich nach dem Tod meiner alten Hündin Finnja beschlossen, keinen Hund mehr anzuschaffen, aber da hatte ich die Rechnung ohne meine beiden Frauen gemacht. Sie wollten einen Hund, nun habe *ich* einen Hund, da beide tagsüber in der Schule sind – die eine als Lehrerin, die andere als Schülerin. Es war abzusehen, dass es so kommen würde, aber inzwischen ist Tinka eine treue Begleiterin bei meinen Führungen. Selbst wenn ich mit der Kamera durch die Teichlausitz pirsche, ist sie meine Begleiterin und hat sich meinem Verhalten völlig angepasst. Nur selten muss ich ihr Kommandos zurufen, sie weiß immer, was in einer Situation zu tun ist. Obwohl in ihr eine gehörige Portion Jagdhund steckt, bleibt sie hinter mir und unternimmt keine Versuche, die Tiere, die ich vor meine Kamera kriegen möchte, in wilder Hatz zu verfolgen. Bei Katzen macht sie allerdings eine Ausnahme. Wenn ich die Katze nicht zuerst bemerke, sodass ich ihr ein Zeichen geben kann, dass eine Jagd nicht infrage kommt, geht die Post ab – und Tinka ist wirklich sehr schnell. Der Hass auf Katzen ist auf einen Zwischenfall zurückzuführen, als sie noch jünger war. Damals hegte sie noch keinen Groll gegen die Samtpfoten. Als eine Katzendame vom Dorf auf dem Camp herumstreunte, wollte sich Tinka ihr liebevoll nähern, um sie freundlich zu beschnüffeln. Das wiederum passte der Katze überhaupt nicht – sie gab Tinka mit ausgefahrenen Krallen eins über die Nase.

Mit Tinka auf der Pirsch

Wegen dieser heimtückischen Attacke müssen nun alle Katzen leiden, die Tinka erblickt; glücklicherweise ist meist ein Baum in der Nähe, auf den die Gejagte sich retten kann.

Dank Tinka ist unser Grundstück zumindest tagsüber katzenfrei, was für die vielen anderen Tiere, die hier leben, ein großes Glück ist, denn Katzen sind erbarmungslose Jäger. Viele Menschen glauben, dass ihre Katze, wenn sie ausreichend mit Futter versorgt wird, keinen Vögeln nachstellt. Das stimmt so nicht ganz. Katzen jagen, selbst wenn sie satt sind, aus Spaß und zum Training, auch wenn sie mit ihrer Beute nur spielen. Schätzungen zufolge erbeuten Katzen 200 Millionen Vögel jährlich. Mir erscheint die Zahl viel zu hoch, trotzdem stellen diese erbeuteten Tiere einen nicht unerheblichen Anteil in der Bestandsgefährdung einheimischer Tiere dar, vor allem in den Siedlungsräumen und deren Umgebung. Dabei geht es nicht nur um Vögel, auch Amphibien, Reptilien, Insekten und Säugetiere werden in großer Zahl erbeutet. Dabei sollte man differenzieren – Katze ist nicht gleich Katze. Stubentiger, die nur in der Wohnung, im Gehege oder im kontrollierten Freilauf gehalten werden, stellen keine Gefahr da. Die Situation bei Katzen, die als Freigänger gehalten werden, sieht ganz anders aus, sie werden zwar versorgt, jagen aber dennoch. Das größte Problem sind verwilderte Hauskatzen. Solche Tiere stammen nicht selten aus dem Nachwuchs der Freigängerhaltung, gerade im ländlichen Raum kommt es oft zur unkontrollierten Vermehrung. Katzenhalter tragen deshalb eine große Verantwortung und sollten unbedingt darauf achten, dass ihre Tiere kastriert oder sterilisiert werden, wenn sie als freilaufende Tiere unterwegs sind. Dadurch lässt sich auch verhindern, dass es zur Hybridisierung mit der bei uns ohnehin seltenen Wildkatze kommt, was mit der Zeit dazu führen könnte, dass diese Art ausstirbt.

Man könnte nun meinen, dass ich keinerlei Sympathie für Katzen habe – aber dem ist natürlich nicht so. Bis vor wenigen

Jahren lebte bei uns ein Kater als Freigänger, der natürlich kastriert war und keinerlei Interesse an der Jagd hatte. Nachts schlief er übrigens immer im Haus. Allein das ist übrigens schon eine Möglichkeit, die Jagdaktivität einer Katze deutlich einzuschränken. Porridge war ein rot gefleckter Kater, der zufällig in unsere Familie kam. Wir hatten in jenem Jahr eine Veranstaltung mit einer größeren Gruppe, die den Abend immer in gemütlicher Runde am Feuer ausklingen ließ. An einem Abend fiel mir auf, dass eine Katze immer mal im Wechsel bei einem der Teilnehmer auf dem Schoß lag. Ich war erstaunt, dass jemand mit einer Katze angereist war, und erkundigte mich nach dem Halter des Tieres. Den gab es aber nicht, alle gingen davon aus, die Katze gehöre zum Spreecamp. Am folgenden Morgen war es sehr kühl, und ich beschloss, zum Frühstück Porridge zu machen. Plötzlich stand maunzend der kleine Kater vor mir und sah mich bettelnd an. Da ich nichts anderes hatte, stellte ich ihm eine Schüssel mit Haferbrei auf den Boden, die er gierig ausschleckte. Von diesem Tag an lebte er bei uns und wurde auf den Namen Porridge getauft. Wo Menschen leben, leben immer auch Haustiere, das war schon seit der Jungsteinzeit so, als die Menschen sich von Jägern und Sammlern zu Ackerbauern und Tierzüchtern entwickelten. Bis heute hat sich daran nichts geändert, selbst wenn Tiere, die früher eine klare Aufgabe hatten oder schlicht als Nahrung dienten, heute oft nur noch aus Freude oder zur Gesellschaft gehalten werden. Auch hier im Spreecamp ist das nicht anders. Tiere gehören einfach dazu, erst ihre Anwesenheit macht das Camp perfekt. So meldet Tinka sofort, wenn Besucher angekommen sind und diese wiederum sind glücklich über ein frisches Hühnerei zum Frühstück.

Porridge war ein rot gefleckter Kater, der zufällig in unsere Familie kam.

VON HEXEN, SCHAMANEN, HIPPIES UND COMANCHEN

Das Camp hatte sich schon nach etwa drei Jahren zu einem wirklichen Begegnungsort entwickelt. Die Gäste verbindet die Liebe zur Natur. Immer wieder erlebe ich es, dass aus zufälligen Bekanntschaften Freundschaften entstehen. Menschen, die sich hier treffen, haben oft dieselben Leidenschaften. Obwohl das Hauptthema immer die Natur ist, ist die Bandbreite der jeweiligen Interessensgebiete recht groß. Viele Gäste sind dem Wolf auf der Spur, aber auch Ornithologen sind häufig im Camp. Sogar Herpetologen, Ichthyologen oder Entomologen zählen zu meinen Gästen. Sie interessieren sich für Tierarten, die sonst eher weniger Beachtung finden, wie beispielsweise Amphibien, Reptilien, Insekten oder Fische. Auch Naturfotografen und Naturfilmer sind regelmäßig vor Ort. Andere wiederum beschäftigen sich mit der Spurenkunde. Häufig werden solche Angebote von Wildnisschulen bei uns im Spreecamp durchgeführt, denn die Lausitz mit ihren offenen Sandstellen, ist für Spurenleser ein wahres Paradis. Natürlich machen auch Radler Rast, denn der Spreeradweg, der von der Quelle bis nach Berlin führt, verläuft in unmittelbarer Nähe des Camps.

Das Spreecamp als Begegnungsort

Einmal bekam ich eine Anfrage von jungen Leuten, die gemeinsam ein Wochenende mit Musik und kreativen Workshops verbringen wollten. Alles klang sehr nach Party, deshalb wollte ich die Anfrage zuerst ablehnen. Das passte nicht hierher, davon war ich überzeugt. Der Organisator am Telefon schien zu spüren, dass ich Zweifel hatte, und versicherte mir, dass alle Teilnehmer sehr an der Natur interessiert seien. Er garantierte, dass alle rücksichtsvoll mit meinem Platz, den Menschen und Tieren umgehen würden. Also gab ich nach und wir einigten uns darauf, dass ich die Veranstaltung sofort abbrechen würde, wenn die vereinbarten Regeln nicht eingehalten würden. Vierzig Teilnehmer aus allen Teilen Deutschlands sollten anreisen. Da sie in der Zeit das Camp allein belegten, war für alle genug Platz, zumal sie nicht nur in den Hütten schliefen, sondern auch in eigenen Zelten und in ihren Kleinbussen. Obwohl es nur um drei Nächte ging, bekam ich dann doch Bauchschmerzen.

Als sie an jenem verabredeten Sommerwochenende anreisten, begannen sie sofort mit den Vorbereitungen für die Party. Mein Platz verwandelte sich im Handumdrehen in ein »Wunderland«. Die Teilnehmer brachten zwischen den Hütten solarbetriebene Lichterketten an und dekorierten liebevoll das ganze Camp mit indischen Tüchern, Teppichen und Girlanden, auch Lampions oder kleine durch LEDs leuchtende Figuren wurden aufgestellt. Bislang hielt sich alles im Rahmen, aber für den Abend war ein DJ angekündigt, der eine mobile Anlage für die Party in einem der Busse installiert hatte, so wurde ich von Stunde zu Stunde unruhiger. Gegen 21 Uhr schien die Veranstaltung noch immer nicht in Gang gekommen zu sein, davon ging ich zumindest aus, als ich vor meiner Hütte stand und noch keine Musik hören konnte. Nur der süßliche Duft einer Nebelmaschine wehte für einen Moment zu mir herüber – wahrscheinlich testen sie noch die Technik, dachte ich. Eine Stunde später war bis auf leises Lachen noch immer nichts zu hören, also beschloss ich, mich selbst davon zu überzeugen, dass alles in Ordnung war.

Das Camp verwandelte sich in ein Wunderland.

Ich staunte nicht schlecht, denn die Veranstaltung war voll im Gang. Ewa zwanzig Leute tanzten wild auf der freien Fläche vor dem Bus des DJs, rhythmisch sah ich die Bewegungen im flackernden Licht der Anlage, aus der auch der Nebel ausgestoßen wurde. Aber die Musik hörte ich so gut wie nicht. Die Kopfhörer, die in verschiedenen Farben leuchteten und die alle trugen, fielen mir aber sofort auf. Das war also das Geheimnis: eine Silent Disco – was für eine coole Idee! Sofort kam einer der Organisatoren auf mich zu und fragte, ob alles in Ordnung sei. Lächelnd nickte ich ihm zu und einen Moment später bekam ich ebenfalls Kopfhörer aufgesetzt.

Die drei Tage waren ein eindrücklicher Beweis dafür, dass es möglich ist, Party zu machen und Spaß zu haben, ohne andere zu beeinträchtigen. Im Nachhinein war ich sehr froh, dass ich zugestimmt hatte, sonst wäre mir ein tolles Erlebnis entgangen. Auch die vielen anderen Beiträge waren interessant, es wurde Yoga angeboten und Massagen, man konnte Bogenschießen und an einer Wanderung teilnehmen. auch kreatives Gestalten und kleine Basteleien gehörten dazu und ein besonderes Highlight waren die vielen kulinarischen Köstlichkeiten, die ich regelmäßig probieren durfte. Vor ihrer Abreise versetzten meine Gäste meinen Platz zurück in jenen Zustand, den sie bei ihrer Anreise vorgefunden hatten, was für sie eine Selbstverständlichkeit war. Diese Veranstaltung war ein solcher Erfolg, dass sie im nächsten Jahr wiederholt wurde und sich daraus sogar ein regelmäßiges Treffen entwickelte.

Viele Jahre lang veranstalteten wir auch Seminare eines bekannten Pflanzenkenners aus dem Allgäu, der sich als Ethnologe mit Naturmedizin und Mythologie verschiedener Völker beschäftigt. Sein Wissen hat er inzwischen in mehr als zwanzig Büchern niedergeschrieben, die Veranstaltungen mit ihm waren stets gut besucht, die Teilnehmer kamen aus allen Bundesländern, aber auch aus Österreich, aus der Schweiz und sogar aus Italien. Sein erstes Seminar im Spreecamp wurde über einen gemeinsamen Bekannten vermittelt, der mir versicherte, dass es ein spannender Kräuterkurs werden würde. Ich hatte noch nie zuvor von ihm gehört, was aber sicherlich damit zusammenhängt, dass ich mich auch nicht so intensiv mit der Kräuterkunde beschäftigt hatte. Die Kräuterleute kennen ihn jedenfalls alle, was mich inzwischen auch nicht verwundert, denn abgesehen von seinem umfassenden Wissen ist er auch eine charismatische Erscheinung. Zu jenem Zeitpunkt vor 16 Jahren, war die Veranstaltung eine der ersten dieser Art für mich, weshalb ich keine Ahnung hatte, was mich erwarten würde, zumal wir im Vorfeld nicht einmal Kontakt hatten, da ich die Organisation mit seiner Frau besprochen hatte. Ich wartete so gespannt wie die Teilnehmer, die zum Teil schon am Vortag angereist waren, auf sein Eintreffen. Gerade die Seminarteilnehmer hatten meine Neugier noch weiter verstärkt, es war eine bunte Mischung von Menschen unterschiedlichster Couleur. Neben einem Biologen, einem Schnapsfabrikanten, Kräuterfrauen, einem Botaniker und einem Gärtnerpaar versammelten sich auch verschiedene Naturheilpraktiker oder Frauen, die sich selbst als Hexen bezeichneten. Es gab aber auch Seminarteilnehmer, die nicht aufgrund ihrer beruflichen Neugierde gekommen waren, sie hatten Bücher von ihm gelesen oder erhofften sich wertvolle Tipps in Sachen Gesundheit aus der Pflanzenheilkunde.

Dann endlich war er da – barfuß, in Leinenhosen und mit einem weiten erdfarbenen Baumwollshirt, auf dem ein Wolf abgebildet war, stand er mitten auf der Wiese. Sein langes Haar mit seitlichen Strähnen, die wie Dreadlocks aussahen, und der weiße üppige Bart erinnerten mich an den Zauberer Gandalf. Mit leicht zusammengekniffenen Augen ließ er seinen Blick über die Wiese schweifen, während seine Hand mit einer ausholenden Bewegung über die hohen Pflanzen glitt, um dann ein Blättchen Beifuß abzupflücken, welches er sich

»Ein guter Platz.«

unauffällig in den Mund schob. Dann lächelte er zu uns herüber und sagte: »Ein guter Platz.« Wow, was für ein Auftritt, ich war total beeindruckt. Nun verstand ich auch, warum ihn einige als Schamanen bezeichneten, auch wenn er das selbst nie gern hörte, doch die Leute sahen in ihm etwas ganz Besonderes. Am ersten Abend stellten sich alle in der großen Runde vor, danach saßen wir gemeinsam am Feuer und lauschten einer Geschichte, die er mit Leidenschaft vortrug. Das flackernde Feuer ließ den Kreis der Anwesenden wie eine eigene kleine Welt erscheinen. Als ich mich dazusetzte, überkam mich das Gefühl, in eine andere Sphäre zu treten. Er verstand es vortrefflich, die Zuhörer in seinen Bann zu ziehen. Zum Abschluss wurden für den folgenden Tag noch eine Kräuterwanderung und eine Baummeditation angekündigt.

Damit verabschiedete er sich aus der Runde, und da die meisten müde von der langen Anreise waren und sich nun zur Nachtruhe zurückzogen, beschloss ich, nach dem anstrengenden Tag noch auf ein Feierabendbier in die Gastwirtschaft zu gehen. Dort angekommen staunte ich nicht schlecht: Am Tresen saß der »Schamane« und blätterte in einer bekannten und reich bebilderten Gazette. Als ich neben ihm Platz nahm, bemerkte er meinen Blick. »Man muss den Feind schon kennen«, sagte er. Danach, während ich mir eine Zigarette drehte, erbat er sich auch eine. »Ich bin zwar kein Raucher, aber von meinen Freunden, den nordamerikanischen Natives, habe ich gehört, dass Rauchen verbindet«, erklärte er. Später beim Bier gestand ich, dass ich mit Baummeditationen und solchen Dingen nichts anfangen konnte. Das sei eine gute Basis, erwiderte er gelassen. Nachdem er mir eine gute Nacht gewünscht hatte, verließ er die Wirtschaft.

Am darauffolgenden Morgen war nach dem Frühstück zunächst eine Kräuterwanderung geplant, die Baummeditation sollte am Nachmittag stattfinden. Bereits als wir losgingen, wurde die erste Frage zu einer Pflanze gestellt, die im Camp wuchs, und sofort kam vom Referenten eine sehr ausführliche Antwort. Er begann die biologische Beschaffenheit zu erklären, ging über zur Anwendung in der Naturheilkunde, nahm die Erklärung und Bedeutung der Namen in unterschiedlichen Ländern und Kulturkreisen auf, sogar Märchen und Geschichten über die einzelnen Pflanzen. Da wurde mir klar, dass er es einfach draufhatte, ich war stark beeindruckt. Man merkte nicht, wie die Zeit verging, schon stand die Mittagspause vor der Tür. Ich wollte es nicht glauben, wir hatten es gerade mal von der Lagerfeuerstelle bis zum Eingangstor geschafft, nicht einmal fünfzig Meter. Bisher hatte ich nur wenige Referenten erlebt, die ihre Zuhörer so dermaßen in den Bann ziehen konnten.

Nach der Mittagspause trafen wir uns bei der Stelle des Lagerfeuers, um zur Baummeditation aufzubrechen. Wir gingen zu einer Birke, die für den Einstieg angeblich gut geeignet war. Wieder war ich gespannt und glaubte, nun eine ausführliche Einführung in die Baummeditation zu bekommen. Aber es passierte nichts dergleichen, er gab lediglich den Hinweis, dass es besser sei, barfuß zu gehen und kein Metall, Uhren und sonstige ablenkende Dinge mitzuführen. Wir sollten auch darauf achten, nicht zu dicht beieinander zu gehen, was in der Spreeaue kein Problem war. »Die Bäume werden uns einladen«, sagte er, während wir aufbrachen, und meine Frage, wann wir zurückkehren würden, beantwortete er knapp: »Ihr werdet es spüren.« Auch gut, dachte ich, und wusste sofort, wo ich hingehen würde, ich hatte ja den Heimvorteil. Nun musste ich mich nur beeilen, damit niemand vor mir »meine« Birke besetzen konnte, die nicht weit entfernt am Ufer der Spree stand. Zielstrebig steuerte ich auf den Baum zu und bemerkte auf dem Weg dahin eine andere Birke, die mitten in einem Kiefernbestand als Einzelbaum wuchs. Durch die Kiefernkronen fiel ein Lichtspot auf den Baum, so, als wollte mich die Natur

»Die Bäume werden uns einladen.«

auf ihn aufmerksam machen, und tatsächlich ging ich darauf ein. War das nun diese Einladung, von der die Rede war? Aber warum nicht? Ich blickte mich um, und niemand war in der Nähe, also setzte ich mich und lehnte meine Rücken an den Stamm. Da ich keine Ahnung hatte, wie ich weiter verfahren sollte, schloss ich einfach die Augen und genoss die Strahlen der Sonne auf meiner Haut. Sofort überkam mich ein wunderbares Gefühl, ich wurde in einen Tagtraum entführt, dessen Leichtigkeit mir Farben und Formen präsentierte, in denen ich sogar Gestalten zu erkennen glaubte. Die Wirklichkeit schien sich mit einer Fiktion zu verbinden, und als ich für einen Moment die Augen öffnete, sah ich eine Fledermaus, die im Halbkreis in Zeitlupe um mich herumflog. Ich änderte nun meine Position und legte mich auf dem Rücken vor den Baum, damit ich meine nackten Füße etwas erhöht an den Stamm anlehnen konnte. Mit dieser Position veränderte sich auch meine Wahrnehmung nicht. Irgendwann überkam mich eine innere Unruhe und ich setzte mich auf – war ich eingeschlafen? Die Sonne war gewandert und mein Platz lag nun halb im Schatten, es war etwas kühl. Ich erhob mich und blickte mich um. Etwas weiter entfernt sah ich, dass einige Seminarteilnehmer auf dem Weg zurück ins Camp waren, also ging ich auch zurück, ich hatte kein Zeitgefühl und nur der Sonnenstand ließ mich vermuten, dass es länger als eine Stunde gewesen sein musste. Als ich an der Feuerstelle eintraf, erfuhr ich, dass ich über zwei Stunden bei der Birke war. Ich konnte es kaum glauben. Das Erlebnis konnte ich kaum zuordnen und noch erstaunter war ich, als andere in der Runde von ähnlichen Eindrücken und auch von Tierbegegnungen sprachen. War ich wirklich bei den Feen und Waldgeistern gewesen? Quatsch, das passte alles nicht in meine Philosophie, dachte ich und wischte die Gedanken schnell beiseite.

Auch die weiteren Meditationen an den folgenden Tagen wiederholten diese intensiven Begegnungen. Wir meditierten mit der Kiefer, der Eiche und der Erle. Vor allem der Erle begegnete ich intensiv. Es geschah etwas, das ich zuvor so noch nie erlebt hatte. Was war da plötzlich passiert? Es musste damit zusammenhängen, dass ich mich anders in der Natur bewegte und ohne Erwartungen völlig offen war für alles, was kam. Trotzdem konnte ich es mir nicht erklären, aber ich verspürte auch keinen Drang, den Dingen wirklich auf den Grund zu gehen. Vielleicht ist es eine Frage der Definition? Selbst in unserer heutigen Vorstellung sind Naturwesen wie Waldgeister, Feen und Kobolde zumeist personifizierte Gestalten, die oft mit einem menschenähnlichen Aussehen dargestellt werden und ihren Ursprung in längst vergangenen Zeiten haben. Damals war unser Wissen über die Natur ein anderes. Die Menschen aber suchten schon immer nach Erklärungen für Zusammenhänge und Abläufe in der Natur. Inzwischen haben wir andere Möglichkeiten, den Dingen auf den Grund zu gehen, dennoch glaube ich, dass wir leider vieles auch wieder verlernt haben im Glauben, dieses Wissen sei überholt und überflüssig. Die Natur birgt jedoch noch viele Geheimnisse, von denen wir viele vielleicht nie erfahren. Damit kann ich inzwischen gut leben, dennoch sauge ich gierig alle Informationen auf, die ich bekommen kann. So habe ich auch über die Verbindungen zwischen den Bäumen und dem Netzwerk im Wald gelesen, und erst neulich hörte ich einen Bericht eines Wissenschaftlers, der erklärte, dass Pilze eine ähnliche Sprache wie wir Menschen haben, die über elektrische Impulse funktioniert. Bei der Vorstellung, dass Pilze miteinander reden, muss man sich nicht sehr anstrengen, um an kleine Wurzelgnome zu denken …

Wir meditierten mit der Kiefer, der Eiche und der Erle.

Zu einer für mich ebenfalls besonderen Begegnung kam es im Jahr 2007. Anfang Mai erhielt ich eine Anfrage, ob ich bereit sei, eine Gruppe nordamerikanischer Natives zu führen und ihnen Wolfsspuren zu zeigen. Zuerst dachte ich an einen Scherz, dann aber wurde ich genauer informiert. Es sollte sich um Gäste aus Oklahoma handeln, die in Radebeul von den Organisatoren der Karl-May-Festtage eingeladen waren. Radebeul ist deshalb bekannt, da es die Geburtsstadt von Karl May, des bekannten Autors von *Winnetou,* ist und alljährlich diese Festtage austrägt, ein Publikumsmagnet für viele Besucher weit über die sächsische Landesgrenze hinaus. Das Motto des damaligen Festivals lautete »Der Ruf des Wolfes« und als besondere Gäste hatte man eine Gruppe nordamerikanischer Natives eingeladen. Die Männer waren Comanchen, ein Mann kam vom Stamm der Mississippi Choctaw. Das klang alles sehr spannend, und obwohl ich noch etwas skeptisch war, sagte ich zu. Als Kind war ich, wie die meisten anderen Kinder auch, von »Indianern« fasziniert. Wie viele andere Jungen verkleidete ich mich zum Fasching einmal sogar als vermeintlicher Indianer, so wie sie in unserer Fantasie auszusehen hatten. Ansonsten kannte ich sie nur aus »Indianerfilmen«, die im Osten Deutschlands allerdings nie aus der Feder von Karl May stammten und von uns Kindern jedes Jahr mit Spannung erwartet wurden. In meinem Heimatdorf gab es ein Zeltkino, das immer bis zum Bersten gefüllt war, wenn Gojko Mitić als Hauptdarsteller in Filmen wie *Weiße Wölfe, Spur des Falken* oder *Tecumseh* über die Leinwand ritt. Erst Jahre später konnten wir die Winnetou-Verfilmungen mit Pierre Brice in der Hauptrolle als Häuptling im Fernsehen sehen. Irgendwann kam ich in den Besitz des Buches *Begrabt mein Herz an der Biegung des Flusses* von Dee Brown, das auch in der DDR erhältlich war. Langsam bekam ich eine Ahnung davon, dass meine Vorstellungen von »Indianern« und deren Leben bisher eher einen romantisierenden Charakter hatten und fernab der Wirklichkeit waren. Danach beschäftigte ich mich nicht mehr damit, Amerika war weit entfernt und Neuigkeiten aus den USA drangen so gut wie nie in unsere ländliche Region.

Das Motto des damaligen Festivals lautete »Der Ruf des Wolfes«.

Nun sollte ich tatsächlich echten Natives begegnen und ich hatte keine Ahnung, was mich erwartete. Ich war aber davon überzeugt, dass sie nicht die klischeehaften Vorstellungen erfüllen würden. Ich stellte mir Menschen vor, die vermutlich indigene Vorfahren hatten. Als sie dann vor mir standen, war ich sprachlos. Ich hätte ahnen müssen, dass unser Aufeinandertreffen von medialem Interesse war, rund zehn Vertreter von Rundfunk, Presse und Fernsehen waren ebenfalls angereist. Da aber ein medienwirksamer Auftritt nur dann stattfinden konnte, wenn die »Indianer« auch als solche erkennbar waren, trugen sie traditionelle Kleidung und waren mit allem ausgestattet, was sie für eine Tanzvorführung benötigten. Leider hielten sich meine Englischkenntnisse sehr in Grenzen, weshalb ich mich immer wieder bei den Begleitpersonen über alles erkundigen musste. So wurde mir versichert, dass die Männer im Wolfsgebiet einen Tanz für die Wölfe aufführen würden. Es ginge darum, den Tieren ihre Ehrerbietung zu bezeugen. »Wir verehren jedes Tier auf eine andere Weise«, erklärte mir Moses Little Bear, einer der Natives, die anderen beiden hießen Jim Standing Bear und Jeremy Red Deer. Moses saß im Kleinbus schweigend neben mir. Vorsichtig musterte ich ihn aus den Augenwinkeln, er trug ein kunstvoll gestaltetes Gewand und auf der Brust besonderen Schmuck, eine Art Platte, die aus verschiedenen Röhren und Perlen gefertigt war. Auf einem tiefblauen Lendenschurz prangte eine rote Bärentatze, die auch jeweils auf den reich verzierten Stulpen, die er an den Armen trug, zu sehen war. Seine Füße steckten in ledernen Mokassins und auf dem Rücken lag ein komplettes Wolfsfell, dessen präparierter Kopf mit Zähnen und Augen als Kopfbedeckung fungierte, die zusätzlich mit Federn geschmückt war. Seine beiden Begleiter, Jim Standing Bear und Jeremy Red Deer, waren ebenfalls prächtig gekleidet, alle drei hatten obendrein eine farbige Gesichtsbemalung. Mir war nicht entgangen, dass auch Moses mich musterte, vielleicht war er skeptisch und fragte sich, ob ich in der Lage sei, sie zu den Wölfen zu bringen. Vielleicht hatten wir in diesem Moment aber auch ähnliche Gedanken und sahen das nur als Hokuspokus, der für die Medien inszeniert wurde. Zumindest ich war von seinem Auftritt von Anfang an beeindruckt, er war »echt«, das hatte ich sofort gespürt, als ich in seine dunklen Augen sah, die ständig aufmerksam die Umgebung musterten.

Für unseren Ausflug hatte ich ein Gebiet gewählt, das am Rande eines vor Jahren gefluteten Tagebaus lag. Auf einer eiszeitlichen Sanddüne hatten wir gute Chancen, Wolfsspuren zu finden. Tatsächlich dauerte es nicht lange, und ich konnte eine geschnürte Wolfsspur zeigen, das ist die Gangart, die Wölfe am häufigsten nutzen, um schnell, aber energiesparend voranzukommen. Endlich lächelte Moses, und er fragte mich, ob ich oft hier war. Als ich das bestätigte, nahm er mich beiseite und sagte, dass wir etwas für die Geister des Ortes tun sollten. Die anderen beiden zogen gerade die Medienvertreter mit einem Tanz in ihren Bann, sodass wir für einige Zeit unbeobachtet waren. Moses nahm einen kleinen Tabaksbeutel aus seinem Gürtel, gab mir etwas Tabak in die Hand und bedeutete mir, es ihm gleichzutun. Während wir nach oben blickten, hielten wir den Tabak in alle Himmelsrichtungen und Moses sprach einen rituellen Spruch in einer mir unbekannten Sprache. Danach zerbröselte er den Tabak, und wir ließen ihn vom Wind davontragen. Auch das fühlte sich für mich echt an. Als wir später wieder zurück im Dorf waren, gingen wir in die Gastwirtschaft. Wir saßen im Biergarten, als plötzlich vor der Gaststätte ein Reisebus hielt, aus dem ein Gruppe sächsischer Rentner strömte. Ein älterer Herr hielt inne, als er uns erblickte, und rief aufgeregt und im besten Sächsisch laut zu seiner Frau herüber: »Elfriede, gugge mal, hier sind richtsche Indischana!« Zugegeben, es war schon ein sonderbares Bild, das wir da in-

Auf einer eiszeitlichen Sanddüne hatten wir gute Chancen, Wolfsspuren zu finden.

mitten des Biergartens abgaben. Später bat ich die drei auch noch um ein Foto vor meiner Blockhütte, die ich zu der Zeit neu errichtet hatte, und sie willigten ein. Moses fragte mich, ob das mein Ferienhäuschen sei, und als ich ihm erklärte, dass ich darin lebte, war er beeindruckt. Er gab mir zu verstehen, dass er nicht geglaubt habe, in Deutschland auf Menschen zu treffen, die so nah an der Natur lebten. Daraufhin besprach er kurz etwas mit seinen zwei Begleitern, und die beiden stellten sich rechts und links neben mir auf. Moses Little Bear hatte ein Bündel Räucherwerk aus Steppensalbei entzündet und begann – während er wieder etwas mir Unverständliches sprach –, mich rituell zu reinigen. Dann sah er mich mit ernstem Ausdruck an und zeigte auf meine Brust. »Wicasa Waya«, sagte er. Als er meinen fragenden Blick bemerkte, wiederholte er, zeigte wieder mit der Geste auf mich. »Wicasa Waya – Wolf Man«, ergänzte er nun auf Englisch. »Er hat dir gerade einen Namen gegeben«, sagte einer der Begleiter, der inzwischen dazugekommenen war. »Das ist etwas Besonderes.« Ich wusste nicht, wie ich mich nun verhalten sollte, aber Moses hatte schon eine andere Begleiterin in ein Gespräch verwickelt. Gleich darauf eröffnete mir diese, dass es ihr ausdrücklicher Wunsch sei, dass ich am nächsten Samstag als ihr Gast zum Karl-May-Fest erscheinen sollte. Nun hatte ich ein kleines Problem, denn ausgerechnet an jenem Tag hatte ich Geburtstag und bereits meine Familie und Freunde eingeladen. Die Begleiterin war auch Mitarbeiterin bei der Organisation der Festtage und schlug vor, meine Feier nach Radebeul zu verlegen. Alle meine Gäste sollten Freikarten, Freigetränke und Gutscheine für Speisen bekommen. Ich willigte ein, vor allem meinem Vater würde ich damit auch eine Freude bereiten, denn ich wusste, dass er als Kind mit Begeisterung die Lederstrumpferzählungen gelesen hatte. Nun würde auch er echten »Indianern« begegnen.

Dann war mein Platz wieder wie leer gefegt, alle waren abgereist. Nachdenklich stand ich mit einem Zettel in der Hand, mit meinem neuen Namen, vor meiner Hütte. Irgendwie konnte ich nicht glauben, was gerade passiert war. Wicasa Waya – der Name setzt sich aus Elementen zweier verschiedener Stämme zusammen: »Wicasa« bedeutet auf Lakota Mann, »Waya« ist in der Sprache der Cherokee ein Wort für Wolf. Ausgesprochen wird es etwa so: Wie-tschaa-sa (wobei die Betonung auf der zweiten Silbe liegt und der Vokal der dritten Silbe kurz gesprochen wird) wa-ya (auch hier liegt die Betonung auf der zweiten Silbe und die Vokale werden kurz gesprochen).

Als wir an jenem Samstag auf dem Festgelände eintrafen, bereute ich es fast, solche Veranstaltungen mit vielen Menschen sind einfach nicht mein Ding. Alles war sehr überlaufen, das fing bereits bei der Parkplatzsuche an, doch dann kam uns die Mitarbeiterin zu Hilfe und alles wurde entspannter. Wir begaben uns zur Aufführung meiner Gastgeber und trafen während einer Tanzdarbietung ein. Zum Klang von Trommeln bewegten sich die drei rhythmisch, mit stampfenden Bewegungen, die den Staub aufwirbeln ließen, dicht umringt vom Publikum in einem Kreis. Ich drängte mich durch die Menge nach vorn, um es besser sehen zu können, und stand bald in der ersten Reihe, wo mich Moses Little Bear entdeckte und mit erhobener Faust »Wicasa Waya« ausrief. Dann kam er auf mich zu, zog mich in den Kreis und bedeutete mir zu tanzen. Das war mir peinlich, aber ich hatte keine Chance, darüber nachzudenken, und ich versuchte einfach, die Bewegungen der anderen Tänzer nachzuahmen. Irgendwie gelang es mir, die Besucher auszublenden, und ich überstand meinen Tanz in der Öffentlichkeit.

Geburtstag feiern auf dem Karl-May-Festival

Später fand ich mich mit den anderen an einem Verkaufsstand der Nordamerikaner ein, in dem sie verschiedene traditionelle Gegenstände zum Kauf anboten. Diverse Behältnisse aus gegerbtem Leder, Taschen, kleine Beutel und Schmuck. Alles war kunstvoll und farbenprächtig bemalt oder mit kleinen Perlen bestickt. Auch geschmiedete Messer mit Griffen aus Geweihteilen und in wunderschön gestalteten Lederscheiden. Das schönste Stück war ein Messer mit einer steinernen Klinge aus Obsidian, allerdings ohne Preisschild, und so fragte ich die Frau, die für den Verkauf zuständig war, nach dem Preis. Im Grunde war ich mir sicher, dass es meine finanziellen Möglichkeiten übersteigen würde, aber es gefiel mir so gut, dass ich mich wenigstens vergewissern wollte. Ich hatte inzwischen von der Frau erfahren, dass Moses Little Bear der Künstler war, der all die wunderbaren Sachen gefertigt hatte, und dass dieses Messer wohl nicht verkäuflich sei. Dann aber stand Moses plötzlich in der Nähe und sie fragte ihn trotzdem. Sofort kam Moses herüber und nahm das Messer. Er überreichte es mir und erklärte, dass er diese Technik, mit der er die Steinklinge anfertigte, von einem Freund gelernt hatte. Ich bewunderte es nun genauer und bestätigte ihm, wie wunderschön es sei, doch als ich es ihm zurückgeben wollte, lehnte er ab. Er drückte es mir förmlich auf die Brust und gab mir zu verstehen, dass es nun mir gehörte. Was für ein tolles Geschenk, ich war gerührt und konnte es kaum glauben.

Später erklärte mir ein Ethnologe, dass es bei einigen Stämmen nordamerikanischer Natives üblich sei, Dinge an diejenigen zu verschenken, die zuvor deutlich gemacht hatten, wie sehr ihnen diese Objekte gefallen. Ich weiß nicht, ob das so stimmt und Moses mir das Messer aus diesem Grund geschenkt hatte. Am nächsten Tag revanchierte ich mich dafür und überreichte Jeremy, Jim und Moses jeweils eine Seeadlerfeder, die ich von einem befreundeten Falkner bekommen hatte. Die Begegnung mit den Dreien hinterließ einen großen Eindruck, was aber auch daran lag, dass ihre Aussagen in Bezug auf den Wolf sehr weise waren. »Das ist für euch die zweite Chance, um endlich Frieden mit dem Wolf zu finden. Seine Rückkehr ist ein gutes Zeichen, trotz aller Naturunruhen«, sagte Jim Standing Bear. »Wölfe sind die besten Lehrmeister, sie zeigen den Menschen, wie eine Familie funktionieren sollte.« Als wir am Abend bei einem Lagerfeuer weitere interessante Gespräche führten, an der viele Besucher der Veranstaltung teilnahmen, ging es nicht nur um den Wolf, sondern generell um unseren Umgang mit der Natur. »Die Balance der Welt ist gestört, aber es ist noch nicht zu spät für uns. Wir müssen zusammenarbeiten, egal, ob zwei- oder vierbeinig oder geflügelt. Dann können wir es schaffen, die Natur wieder in ein Gleichgewicht zu bringen«, sagte Jim Standing Bear.

Wenn ich heute, 15 Jahre später, an diese Worte denke, macht es mich traurig, denn ich habe das Gefühl, dass die Menschheit weitere Jahre verschwendet hat und noch immer rücksichtslos gegen die Natur arbeitet. Doch ich habe auch Hoffnung, denn ich sehe, dass viele junge Menschen verstanden haben, dass es so nicht weitergehen kann, und sich mehr und mehr einbringen und Gehör verschaffen. Ich habe mich bei Moses gemeldet, da ich im Zuge der Arbeit an diesem Buch einige offene Fragen hatte. Es war schön, nach all der Zeit wieder Kontakt zu ihm zu haben, und auch er war sehr erfreut, von mir zu hören. »Wie geht es dir, mein Freund?«, fragte er mich. Nach unserem Chat habe ich noch einmal an unser Treffen gedacht und mir kamen wieder Bilder von unserer Verabschiedung in den Sinn. Er stand oben am Felsen und blickte mir mit erhobener Hand nach, als ich mich aus dem Auto noch einmal nach ihm umsah. Es mag jetzt vielleicht kitschig klingen, aber die Situation war wie in der letzten Szene von Kevin Costners Film *Der mit dem Wolf tanzt*. Ja, ich werde für immer dein Freund sein, dachte ich damals.

DAS SCHWEBENDE BLOCKHAUS

Während ich auf die Tastatur meines Laptops starrte, gelang es mir einfach nicht, mich auf meine Arbeit zu konzentrieren. Ich musste einen Abschlussbericht für die Abrechnung einer Veranstaltung bis zum nächsten Tag fertigmachen. Mir fehlte die nötige Ruhe, denn ich war nicht allein. Hinter mir auf dem Ledersofa krakeelten drei Kinder. Meine Tochter hatte Besuch, und das Wetter zwang die Kinder in die Stube. Meine Freundin stand in der Kochecke nur fünf Meter neben mir und hatte gerade die Musik leiser gedreht. Sie hört immer Radio, wenn sie kocht, das ist für sie ein Ritual. Eben hörte ich sie aber laut lachen, eine Freundin hatte angerufen und sie schienen ein lustiges Thema zu diskutieren.

»Okay, ich werde für einen Moment an die frische Luft gehen, hier komme ich gerade nicht weiter«, entschied ich. Draußen dachte ich weiter über mein Problem nach. Während ich vor der Blockhütte stand und meinen Blick zur alten Hütte herüberschweifen ließ. Schon seit einem halben Jahr machte ich mir Gedanken, wie ich mit geringem Aufwand unsere Hütte vergrößern konnte. Inzwischen wohnten wir nun seit fünf Jahren in der neuen Hütte und wieder wurde es zu eng, wie ich es am Anfang schon befürchtet hatte. Platz gab es genug, denn das alte Blockhaus stand mehr oder weniger ungenutzt und diente uns lediglich als Abstellraum für Dinge, die man schnell aus den Augen ver-

Wir wohnten seit fünf Jahren in der neuen Hütte und wieder wurde es zu eng.

liert und die eigentlich nicht mehr benötigt wurden. Ich hatte überlegt, meinen Arbeitsplatz auszulagern und mir hier ein Büro einzurichten. Allerdings musste ich dann auch meinen Internetanschluss verlegen, und die Sache mit dem eigenen Kinderzimmer für unsere Tochter, die damals 7 Jahre alt war, musste auch noch geklärt werden. Beide Hütten zu verbinden wäre die beste Lösung gewesen, allerdings betrug der Abstand zwischen ihnen etwa zehn Meter. An die große Hütte anzubauen war aber auch keine Option, dafür wäre nur in eine Richtung Platz gewesen, und da stand ja nun zehn Meter daneben das alte Blockhaus und das ganze Ensemble hätte wie eine Reihenhaussiedlung gewirkt, das wollte ich nicht in Betracht ziehen.

Also blieb nur eins, ich musste die alte Blockhütte an die neue heranbringen und die beiden miteinander verbinden. In meiner Fantasie hatte ich das schon oft getan, und die Verbindung der Hütten sollte auch machbar sein, aber dazu musste ich sie bewegen. Wie das allerdings vonstattengehen sollte, war die Frage, die mir schon einige schlaflose Nächte bereitet hatte. Ein Vorteil war, dass sie nur auf zehn Lagersteinen aufgesetzt war und somit frei über dem Boden stand, mit einer Art Schlitten konnte man die Hütte vielleicht bewegen. Hatte man in Ägypten beim Pyramidenbau nicht auch riesige Steinblöcke transportiert? Also sollte das doch irgendwie machbar sein. Allerdings brauchte man dafür starke Seilwinden, denn für einen Schlepper war kein Platz und mit Manpower ließ sich das auch nicht realisieren. Ein weiteres Problem war, dass ich die Hütte vor dem Anbau gern um neunzig Grad gedreht hätte, das würde die spätere Teilung in zwei separate Räume vereinfachen. Schließlich dachte ich über einen Kran nach, die Idee kam mir, als ich einen meiner Enkel mit seinem Spielzeugkran beobachtete. Warum eigentlich nicht, dachte ich nun, die Frage war nur, ob die Hütte nicht zu schwer war und der Kran überhaupt auf das Grundstück gelangen konnte. In der Hütte wurde es allmählich ruhiger und ich konnte mich nun wieder dem Abschlussbericht widmen.

Einige Tage später erzählte ich einem Freund davon, der die Idee gar nicht abwegig fand. Er empfahl mir sogar ein Unternehmen, das schon ähnliche Projekte realisiert hatte. Ich verlor keine Zeit und nahm gleich Kontakt auf. Nach einem Telefonat vereinbarte ich ein Treffen mit dem Chef der regionalen Firma und war gespannt auf seine Einschätzung. Als ich ihn empfing, teilte er nach einer kurzen Besichtigung seine Einschätzung auch sofort mit. »Sollte kein Problem sein«, sagte er und verabschiedete sich schon nach wenigen Minuten wieder. Ich war happy, wir würden die Hütte mit einem Kran umplatzieren und konnten sie sogar nach Belieben drehen, wenn sie erst mal am Haken hing. Nun galt es für mich zu überlegen, was alles vorzubereiten war, aber die Arbeiten hielten sich vorerst in Grenzen. Ein Termin war für September geplant, und bis dahin musste die Fläche geräumt sein, auf die der Anbau gestellt werden sollte. Mir blieben also noch etwa zwei Monate, und da nur die Grasnarbe abgetragen werden musste und die Fläche am Ende etwas ausgeglichen werden sollte, hatte ich noch genug Zeit. Der Chef des Kran-Unternehmens hatte mir alte Betonplatten aus dem Straßenbau angeboten, die ich als Grundfläche verlegen konnte, darauf würde ich dann die Fundamentsteine legen, auf denen dann die Hütte aufliegen sollte. Als Lagersteine nutzte ich dann letztendlich Hohlblock-Betonsteine, die ich zusätzlich komplett mit einer Zementmischung ausgoss, das würde als Unterbau mehr als genügen.

Wir würden die Hütte mit einem Kran umplatzieren.

Als es dann so weit war, war ich natürlich sehr aufgeregt. Wir konnten die Hütte nicht wiegen und mussten ihr Gewicht schätzen. Wir waren aber optimistisch, dass alles funktionieren würde. Am Ende wurde es dennoch eine knappe Sache, denn wir hatten nicht bedacht, dass man nicht direkt an die Blockhütte heranfahren konnte. Einige Meter vor dem Haus hatte ich vor Jahren eine Lagerfeuerstelle eingerichtet, diese war umgeben von großen Findlingen aus einem Tagebau und die mächtigen Steine hatten wir damals mit schwerer Technik bewegt. Ein riesiger Frontlader hatte sie nach meinen Wünschen fast millimetergenau ausgerichtet, denn einige Steine sollten die vier Himmelsrichtungen markieren.

Die Hütte war einfach zu schwer.

An jenem Tag des Häuserrückens fuhr der Kran so nah wie möglich an die Feuerstelle heran, um seine Stützen auszufahren, damit er sicher stehen konnte. Trotzdem musste der Ausleger noch gute zwanzig Meter zur Seite schwenken, um genau über dem Haus zu stehen. Die Helfer aus meinem Freundeskreis und meiner Familie wurden zuvor genauestens in ihre Aufgaben eingewiesen, damit alles reibungslos funktionieren konnte. Natürlich waren auch einige Zaungäste da, denn wann sieht man schon mal eine »schwebende Blockhütte«. Ein Freund dokumentierte die ganze Aktion sogar mit einer Kamera. Dann ging es endlich los. Mit dem Kran hatten wir schon zuvor die Betonplatten für den Unterbau ausgelegt, ein solides Fundament für die Hütte war vorhanden. Die Lagersteine standen ebenfalls an ihren Positionen und auf jedem Stein lag ein zurechtgeschnittenes Stück aus dickem Förderbandgummi, damit später keine Feuchtigkeit von unten zum Holz aufsteigen konnte und das Holz gleichzeitig besser auflag. Wir hatten unter der Hütte breite Gurtbänder an den Stellen hindurchgezogen, die am stabilsten waren, da sie von innen durch den Dachstuhl eine Querverstrebung hatten. Aber auch ohne die Verstrebung hätte ich keine Bedenken gehabt, dass die Hütte durch die Bänder zusammengedrückt werden könnte. Die ganze Konstruktion war sehr stabil. Die Gurtbänder wurden an der Hüttenwand hochgeführt, und da es einen Dachüberstand gab, mussten wir an den Stellen einige Bretter aus der Dachdeckung entfernen, um die Bänder hindurchzuführen. Nun konnten sie ohne Bedenken an der speziellen Aufhängung des Krans befestigt werden. Dann stand der spannendste Moment bevor und alle stierten auf die Anzeige des Krans: Würde er die Last mit dem ausgefahrenen Ausleger bewältigen können? Für einen Moment schloss ich die Augen, und als ich sie wieder öffnete, leuchtete die Anzeige rot auf. Das durfte nicht sein! »Bitte versuch es noch einmal!«, sagte ich dem Kranführer – und so wurde ein weiterer Versuch unternommen, aber es änderte sich natürlich nichts. Sollte alles umsonst gewesen sein? Die Hütte war einfach zu schwer. Fieberhaft überlegte ich: Wo ließ sich jetzt am schnellsten Gewicht reduzieren? Es gab eigentlich nur eine Möglichkeit, die allerdings einiger Anstrengung bedurfte.

Als Erstes musste die Dachbegrünung, die aus ehemals aufgelegten Grassoden bestand, abgetragen werden und danach ließen sich auch noch die schweren Förderbandgummis, die eigentliche Dachabdeckung, abnehmen. Wir hatten nur ein kleines Zeitfenster, bald würde es dunkel werden, aber an Aufgeben war nicht zu denken. Alle verfügbaren Kräfte wurden auf das Dach gerichtet, und es wurde geschaufelt, was das Zeug hält. Danach wurden mithilfe des Krans die schweren Gummibänder, die wir aufgerollt hatten, heruntergehoben. Es blieb kaum Zeit, um durchzuatmen, denn jetzt kam direkt der neue Anlauf, diesmal musste es gelingen! Wieder befestigten wir die Bänder am Kran und nahmen unsere Positionen ein, die Gurte strafften sich und für den ersten Moment leuchtete wieder kurz das rote Licht auf – das durfte nicht wahr sein! »Bitte, bitte, bitte!«, flehte ich innerlich. Und dann – bei einem erneuten Versuch – sprang das Licht auf gelb um. Für den Bruchteil einer Sekunde schwebte das Haus wenige Millimeter frei in der Luft über den Lagersteinen und wurde gleich wieder abgesetzt. Der Kranführer hatte aber bei diesem Versuch die Hütte einige Zentimeter in Richtung des

Die Hütte schwebte am Kran.

Krans gebracht, das war ein wichtiger Gewinn, denn jede noch so kleine Verkürzung der Entfernung wirkt sich auf die Last aus. Tatsächlich leuchtete dann beim nächsten Versuch die grüne Kontrolllampe. Wir hatten es geschafft! Die Hütte schwebte am Kran und es war einfach, sie nun in die richtige Position zu drehen. Sanft setzte der Kranführer das Haus auf die neuen Lagersteine, die von allen Seiten von den Helfern an die optimalen Auflagepunkte gebracht wurden. Dann entspannten sich die Gurte, die Blockhütte stand sicher an ihrem neuen Standort. Nachdem ich mich noch einmal von allen Seiten überzeugt hatte, dass alles perfekt war, stieß ich vor Freude einen Jubelschrei aus. Alle Anspannung fiel von mir ab, und wir schlossen den Tag mit einem wohlverdienten Bierchen, denn inzwischen war der Abend hereingebrochen.

Der Rest war im Vergleich zum Vorigen ein Kinderspiel. Zuerst begann ich mit der Dachkonstruktion, die als einfaches Pultdach mit einer leichten Neigung nach Norden so ausgeführt wurde, dass sie genau unter die Dachüberstände der beiden Blockhütten passte. Danach kam der Boden des Verbindungsbaus, eine Konstruktion aus Kanthölzern, in maximal möglicher Höhe, um dazwischen später die Isolierung für den Fußboden unterbringen zu können. Im letzten Schritt wurden die Wände in einer Ständerbauweise ausgeführt, die später mit einer Holzverschalung verblendet wurden. Die Decken und Wände wurden mit Hanfmatten isoliert und der Fußboden mit Perlite. Dieses Material hatte sich bei den vorigen Hütten schon sehr bewährt. Ein Freund hatte mir ein großes Sichtfenster angeboten, das doppelt verglast war und schon einige Jahre in einer Berliner Apotheke für Durchblick gesorgt hatte. Von nun an würde es als Panorama-Ausblick auf den Platz vor meinem Haus fungieren, von hier hat man einen wunderschönen Blick auf die Spreeaue und das Camp. Als der Zwischenbau so weit abgeschlossen war, begann ich die Giebelwand des einen Blockhauses abzutragen, so entstand ein neuer großer Raum, der nun zentral im Haus lag. Ein Kaminofen mit Wasserführung diente als zentrale Heizung und versorgte Heizkörper, die ich in allen Bereichen angebracht hatte, mit Warmwasser. Im alten Teil des Hauses errichtete ich dann eine Zwischenwand, sodass zwei neue Räume entstanden, die nun als Arbeits- und Kinderzimmer die bisherigen Platzprobleme schnell vergessen ließen.

Vom Baubeginn der ersten Blockhütte bis zur Fertigstellung unseres Blockhauses hat es über zehn Jahre gedauert. Im Endeffekt waren es aber drei einzelne Bauphasen, in denen die erste Hütte, die zweite Hütte und schließlich der Zusammenbau erfolgte. Jede Hütte wurde den derzeit benötigten Platzbedürfnissen angepasst, wobei darauf geachtet wurde, sich auf das Nötigste zu beschränken. Eine großzügige Bauweise, die unsere Bedürfnisse übertraf, kam schon aus Kostengründen nicht infrage und hätte auch im Widerspruch zu meiner Philosophie gestanden. Unser Blockhaus ist selbst nach dem Zusammenbau der beiden Hütten nicht sehr groß und liegt mit seinen Maßen deutlich unter den in Deutschland üblichen Quadratmeterzahlen. Eine bundesweite Erhebung aus dem Jahr 2020 gibt einen durchschnittlichen Wert von 46 Quadratmeter pro Kopf für die Wohnungsfläche an, wobei die Spitzen bei 75,2 Quadratmeter und die kleinsten Werte bei 34,3 Quadratmeter liegen. Unser Blockhaus hat eine Grundfläche von gerade mal 72 Quadratmeter. Da wir zu dritt darin wohnen, macht das gerade mal einen Anteil von 24 Quadratmeter pro Familienmitglied aus, dazu kommt noch, dass die Höhe unserer Räume deutlich unter den sonst üblichen Raumhöhen liegt. Trotzdem fühlen wir uns nicht eingeengt, im Gegenteil, der Platz ist mehr als ausreichend und wirkt sich obendrein noch günstig auf unsere CO_2-Bilanz aus, da wir auch einen geringeren Energieverbrauch haben.

ÜBER DAS GLÜCK UND WIE MAN ES FINDET

»Ich bin der glücklichste Mensch, den ich kenne«, sagte ich einmal in einem Interview. Bei meiner heutigen Morgenrunde mit Tinka konnte ich den ersten Kuckuck in diesem Jahr hören und klopfte auf meine Tasche, in der sich einige Münzen befanden. Ein alter Brauch, den ich von meiner Großmutter kenne, damit das Geld nicht ausgeht. Geld spielt in unserer Gesellschaft eine wichtige Rolle, das geht so weit, dass einige meinen, es wäre eine unverzichtbare Komponente für ein glückliches Leben. Einige meiner Freunde warten wie viele auf den großen Lottogewinn, um sich dann das Glück zu kaufen. Ich glaube aber, selbst wenn sie gewinnen würden, würden sie nicht glücklicher sein. Geld ist für mich nicht so sehr relevant. Natürlich muss auch ich ein Einkommen haben, um meine Existenz zu sichern, aber für mich ist es viel wichtiger, darüber nachzudenken, das Geld sinnvoll einzusetzen, es wieder in Dinge und Projekte umzuwandeln, die auch zu meinem Glücksgefühl beitragen. Ich werde nie Gedanken daran verschwenden, wie ich Geld anlegen und vermehren kann, sondern immer nur daran, wie ich es so bald wie möglich wieder sinnvoll ausgeben könnte. Vor allem denke ich nicht daran, mehr als nötig zu arbeiten, um ein höheres Einkommen zu erzielen, das finde ich völlig absurd. Im Gegenteil, ich arbeite nur so viel, um dafür das zu

»Ich bin der glücklichste Mensch, den ich kenne.«

erhalten, was ich für meine Lebensqualität benötige. Das mag damit zusammenhängen, dass ich mich in einer für mich komfortablen Situation befinde, denn ich lebe auf meinem Grund in einem selbst gebauten Haus, das ich ganz genau nach den Bedürfnissen errichtet habe, die für mich und meine kleine Familie optimal sind. Dazu kommt noch, dass ich den Luxus genieße, mit Tätigkeiten meinen Lebensunterhalt zu verdienen, die mir große Freude bereiten. Doch das war nicht immer so. »Du hast es gut«, habe ich oft Leute zu mir sagen hören, und inzwischen antworte ich darauf immer mit der Aufforderung: »Hab es doch auch gut!« Das ist ein ernst gemeiner Ratschlag, auch wenn ich weiß, dass natürlich nicht jeder sich eine eigene Hütte bauen und obendrein noch seinen Traumjob ausüben kann. Aber die meisten von uns könnten etwas glücklicher sein, zumindest wenn sie, wie wir, in Deutschland oder einem anderen europäischen Land leben.

Die negativen Sprüche kommen oft von Menschen, denen nicht bewusst ist, dass sie nicht viel tun müssten, um ihre Leben so zu verändern, dass sie etwas glücklicher sind. Nicht selten sind es sogar Menschen, deren finanzielle Situation deutlich besser ist als meine. Oft besitzen sie zu wenig Vertrauen in sich selbst, sie tun sich aber auch damit schwer, ein Risiko einzugehen und auf alle Sicherheiten zu verzichten. Wenn ich an meine Ausgangslage zurückdenke, kann ich nicht behaupten, dass sie optimal war. Finanziell war ich nie besonders gut aufgestellt. Den Job, den ich erlernt hatte, Elektromonteur, wollte ich nie ausüben, er bereitete mir keine Freude. Das Einzige, was ich hatte, waren vermeintliche Sicherheiten: ein Job, eine Familie, sogar eine Wohnung mit günstigen Mietkosten. Aber richtig glücklich war ich damals nicht. Das richtige Glück lernte ich erst kennen, als ich beschloss, von der in der Gesellschaft vorgegebenen Lebensweise abzuweichen und mir meinen eigenen Weg zu suchen. Das bedeutete aber auch, Sicherheiten aufzugeben und Risiken einzugehen. Ich gebe zu, das fiel auch mir anfangs nicht leicht. Aber das Entscheidende ist, etwas zu tun, anstatt immer nur davon zu reden, was man gern tun oder wie man gern leben würde.

Nein, ich habe nicht einfach so Glück gehabt, ich habe mir aktiv dieses Glück erstritten. Es gibt sie leider nicht, die Fee, die ein Füllhorn über uns ausschüttet. Davon abgesehen wird sich kaum ein größeres Glücksgefühl einstellen, wenn wir uns nicht selbst bemühen. Ich wage zu behaupten, dass jemand, der sich sein Haus bauen lässt, niemals so glücklich sein kann, wie ich es bin. Natürlich kann das nicht jeder, das ist mir vollkommen klar, man kann aber schon damit anfangen, dass man seine Wohnung selbst gestaltet. Es macht einen gewaltigen Unterschied, ob da ein selbst gebautes Regal steht und man die Wände selbst bemalt hat. Eine sterile Wohnung, die in keiner Weise die Handschrift des Bewohners zeigt, ist lediglich eine Überlebenskapsel, darin wird man nicht glücklich. Das Gleiche gilt für die, die gern mobil sind oder sogar auf einen festen Wohnsitz verzichten. Ein Wohnmobil vom Fließband oder ein Wohnwagen bietet zwar sicher alles für ein angenehmes Reisen, aber der selbst ausgebaute Kleinbus, LKW oder auch Wohnwagen verschafft ein ganz anderes Lebensgefühl. Alles wird anders, wenn man so unterwegs ist, allein schon deshalb, weil man viel schneller mit anderen Menschen ins Gespräch kommt. Es ist auch völlig egal, wie groß das Haus, die Wohnung oder der Camper ist, solange die Größe uns nicht überfordert und wir die meiste Zeit mit Reinigungs- und Reparaturarbeiten verbringen. Das kann schnell zur Last werden und die Lebensqualität erheblich einschränken.

Eine Wohnung sollte die Handschrift des Bewohners tragen.

Ich habe für mich festgestellt, dass ich glücklicher bin, wenn ich mich auf Notwendiges reduziere. Das bezieht sich sowohl auf den Wohnraum als auch auf die Dinge, mit denen ich mich umgebe. Denn je größer meine Wohnung ist, desto mehr

Energie muss ich für sie aufwenden. Und je mehr ich besitze, desto mehr gilt es auch zu erhalten oder sogar zu erneuern. Das ist ein Teufelskreis, denn all das verursacht Kosten, und um die zu begleichen, müssen wir arbeiten. Wer viel arbeitet, hat aber meist wenig Zeit für die Dinge, die ihm Freude bereiten – es sei denn, man macht die Lieblingsbeschäftigung oder das Hobby zum Beruf. Tatsächlich glaube ich aber, dass das große Geheimnis, der Schlüssel zum Glück, oft der Verzicht ist. Wenn man ein überschaubares Wohnumfeld hat, und es nicht mit nutzlosen Dingen überfrachtet, hat man bei Weitem nicht so hohe Kosten und muss weniger arbeiten. Man kommt also in die komfortable Situation, mehr Zeit zu haben, Zeit für sich selbst und die eigenen Interessen.

Ja, aber was sollen die tun, die mehr besitzen, zum Beispiel ein Stück Land mit einem Haus darauf? Sich einfach davon trennen? Das kann jeder nur für sich selbst beantworten. Ich würde es sofort verkaufen, wenn es eine Last wäre. Aber auch ein eigenes Grundstück, zumindest wenn es groß genug ist, um darauf einen Selbstversorgergarten anzulegen, kann etwas mehr Unabhängigkeit schaffen und bietet nicht selten kreative Möglichkeiten, im besten Fall sogar für einen Start in die Selbstständigkeit. Nicht für jeden ist es möglich, selbstständig zu arbeiten, und jedem sollte auch im Vorfeld klar sein, dass es nicht selten ein unbeständiges Auf und Ab ist, ohne die gewohnten Sicherheiten. Auf der anderen Seite kann man über den Umfang seiner Arbeit und die Arbeitszeit meist selbst entscheiden – für mich ein entscheidender Vorteil, den ich inzwischen nicht mehr missen möchte. Eine weitere Möglichkeit, zumindest für einige, dürfte die Arbeit von zu Hause aus sein, Homeoffice ist zwar nicht für alle die Erfüllung, aber mit etwas Selbstdisziplin lassen sich viele Vorteile nutzen. Vor allem eine flexible Arbeitszeit sollte man nicht unterschätzen, denn sie kann sehr zum eigenen Glück beitragen.

Jeder kann etwas für sein Glück tun. Wer der Meinung ist, dass sich bei ihm nichts verändern lässt, und sie oder er mit seinem Job unglücklich ist, dann führt kein Weg daran vorbei, etwas anderes zu tun und den Job an den Nagel zu hängen. Unser Leben findet jetzt statt, in diesem Augenblick, und eins der kostbarsten Güter, die wir haben, ist die Zeit, da sie nun mal begrenzt ist. Wenn wir diese Zeit für Dinge nutzen, die uns Freude bereiten, dann haben wir das Glück gefunden.

Wenn ich heute noch einmal vor der Wahl stünde und die Möglichkeit hätte zu entscheiden, wo und wie ich leben möchte, hätte ich mich wieder genauso entschieden. Diesen Gedanken habe ich immer wieder, wenn ich morgens vor meiner Blockhütte stehe, die Vögel singen höre oder nachts in den Sternenhimmel schaue. Ich atme an diesem Morgen tief die Frühlingsluft ein und weiß, hier bin ich wirklich glücklich.

DANKSAGUNG

Auf keinen Fall möchte ich versäumen, mich an dieser Stelle bei vielen Menschen zu bedanken, die großen Anteil daran haben, dass ich dieses Leben führen kann. Die einen haben mich bei der Arbeit tatkräftig unterstützt, andere haben mich inspiriert oder meinen Wissensschatz erweitert. Dabei spielt es keine Rolle, ob es um den Platz, das Blockhaus oder meine Art zu leben geht, alles ist miteinander verflochten und kann nicht voneinander getrennt werden. Auch finanziell oder materiell habe ich Unterstützung erhalten, und nicht zuletzt danke ich für die Möglichkeit, dass ich dieses Buch schreiben konnte. Mein Dank gilt meinen Eltern, meiner lieben Jule und meiner Familie, besonders Mirko, Carolin, Mareen und Mila. Ich bedanke mich bei Jupp, Jürgen, Stephan, Steffen M., Steffen S., Steffen P., Austen, Uwe (Rapunzel), Andreas, Hendrik, Role, Lenni, Dieter, Ricardo, Thomas, Caroline, Paul, Sascha und bei allen ehemaligen Camp-Teilnehmern, die angepackt haben, und nicht zuletzt bei den vier Handwerksgesellen. Mein Dank geht auch an Imke Rösing und die Agentur Rauchzeichen sowie den FinanzBuch Verlag.

Life to the Max

Philipp Maximilian Scharpenack

Mit Anfang 30 arbeitet Philipp Maximilian Scharpenack nur vier Stunden in der Woche und ist finanziell komplett unabhängig. Das war nicht immer so. Zahlreiche Schulwechsel, die Scheidung seiner Eltern und ein Todesfall in der Familie ließen ihn mit nichts außer Schulden, Mut und dem unbändigen Willen etwas zu erreichen, sein Elternhaus verlassen. Er wanderte nach China aus, um dort völlig ohne Kapital sein erstes Unternehmen zu gründen. Es folgten jede Menge Abenteuer, die ihn um die ganze Welt führten. Seine Geschichte zeigt, wie jeder Mensch zu Selbstverwirklichung und Unabhängigkeit und Erfolg finden kann.

m-vg.de/qr/bLvrm

256 Seiten | Softcover | 17,99 € (D) | ISBN 978-3-95972-315-2

Segeln gen Nord

James Stavridis

James G. Stavridis gehört zu den höchst dekorierten Admirälen unserer Zeit. Mit *Segeln gen Nord* begibt er sich mit zehn der glorreichsten Marinekapitäne der Geschichte auf eine einmalige Reise. Von Themistokles über Drake und Nelson bis zu Nimitz und Hopper spannt er einen Bogen über 2500 Jahre Seefahrtsgeschichte – vom alten Griechenland bis ins 21. Jahrhundert. Mit diesem Buch liegt eine einmalige Sammlung der größten Seefahrer und großartigsten Geschichten der Weltmeere vor, die Ihnen auf Ihrem Weg zur Charakterbildung als wertvoller Kompass dienen soll.

m-vg.de/qr/bLvru

304 Seiten | Hardcover | 24,99 € (D) | ISBN 978-3-95972-322-0

Mit Zen durch das Jahr

Bonnie Myotai Treace

Die Praxis des Zen-Buddhismus mit dem Führen eines Tagebuchs zu verbinden, ist ein effektiver Weg, achtsam zu leben, Klarheit und Perspektive zu gewinnen und Stress und Sorgen loszulassen. Das Buch führt Neulinge in der Kunst des Zen ebenso wie erfahrene Praktiker durch 52 Wochen mit Tagebuchanregungen und Schreibübungen, die zu Selbsterkundung, Reflexion und Achtsamkeit inspirieren und dabei helfen, ein glücklicheres und erfüllteres Leben zu führen. Wunderschön gestaltet, mit zahlreichen Illustrationen von Verónica Collignon zum Thema der vier Jahreszeiten Frühling, Sommer, Herbst und Winter.

m-vg.de/qr/bLvvx

176 Seiten | Softcover | 15,00 € (D) | ISBN 978-3-95972-549-1

Liferider

Laird Hamilton, Julian Borra

Millionen von uns suchen ihr Glück in Modeerscheinungen und Selbsthilfebüchern und streben jeden Tag nach einem erleuchteten Zustand. Big-Wave-Surflegende und internationale Fitness-Ikone Laird Hamilton ist mehr darauf bedacht, nach innen zu schauen und das brillante Geschöpf zu schätzen, das wir bereits sind. *Liferider* ist Lairds einzigartige Sicht auf das Leben. Es sind Beobachtungen, wie wir die Turbulenzen des Lebens – die größte Welle, auf der wir je reiten werden – besser bewältigen können.

m-vg.de/qr/bLvwq

288 Seiten | Hardcover | 20,00 € (D) | ISBN 978-3-95972-598-9

Shape

Jordan Ellenberg

Jordan Ellenberg – einer der führenden Mathematiker unserer Zeit – offenbart in »Shape«, dass es die Geometrie ist, die hinter einigen der wichtigsten wissenschaftlichen, politischen und philosophischen Problemen unserer Welt steckt. Denn schon das Wort »Geometrie« kommt aus dem Griechischen und bedeutet »Vermessung der Welt«. Und selbst das ist eine Untertreibung: Die Geometrie misst die Welt nicht nur, sie erklärt sie auch. Jordan Ellenbergs Blickwinkel auf die Welt bietet eine radikal andere Perspektive auf die verborgene Geometrie hinter Biologie, Strategie, Information, Demokratie – und eigentlich absolut allem.

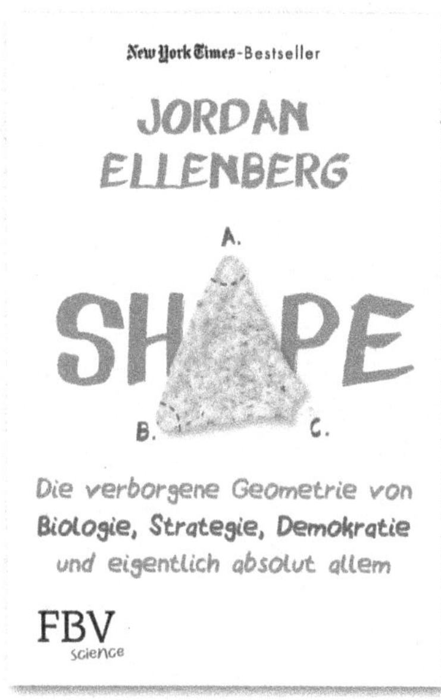

m-vg.de/qr/bLvvE

480 Seiten | Hardcover | 25,00 € (D) | ISBN 978-3-95972-556-9